U0149293

森林、節能減碳與土地倫理

趙 迺 定 著

文 史 哲 詩 叢

文史哲出版社印行

國家圖書館出版品預行編目資料

森林、節能減碳與土地倫理 / 趙迺定著，--
初版 -- 臺北市：文史哲，民 101.5
頁；公分（文史哲詩叢；104）
ISBN 978-986-314-028-3（平裝）

851.486   101008067

文 史 哲 詩 叢　104

森林、節能減碳與
土地倫理

著　　者：趙　　　迺　　　定
出 版 者：文 史 哲 出 版 社
　　　　　http://www.lapen.com.tw
　　　　　e-mail：lapen@ms74.hinet.net
登記證字號：行政院新聞局版臺業字五三三七號
發 行 人：彭　　　正　　　雄
發 行 所：文 史 哲 出 版 社
印 刷 者：文 史 哲 出 版 社
　　　　　臺北市羅斯福路一段七十二巷四號
　　　　　郵政劃撥帳號：一六一八○一七五
　　　　　電話886-2-23511028・傳真886-2-23965656

定價新臺幣三四○元

中華民國一百零一年（2012）五月初版

著財權所有・侵權者必究
ISBN 978-986-314-028-3　　09104

自　　序

　　個人從事文學創作，自 1961 年首篇詩作品發表於《自由青年》以來，寫作歷史已歷半個世紀之久，其間對詩、散文、小說、兒童文學及評論等均有所涉入。

　　並於 1975 年結集出版《異種的企求》詩集，後以個人職場忙碌，工作為重，對結集懶散，如此事隔三十餘年；惟以回頭一看，方自驚覺，太陽薄西，來日無多，而興起敝帚自珍念頭，又自 2011 年以來，陸續結集《鞋底‧鞋面》詩集及《南部風情及其他》和《麻雀情及其他》二散文集，以上均屬個人早期於報章雜誌發表過的作品。至於其他作品，如《人生自是有路癡》，核屬個人近期文論集作品，則將另行研議再行處理。

　　本集《森林、節能減碳與土地倫理》為個人結集出版之第五本著作，經商得詩人吳俊賢博士及詩人陳明克博士，岩上、林鷺及葉斐娜等詩人，以及博士班研究生劉沛慈鄉親，以其所學及其專業領域剖析或以創作經驗為根基論述本集，在此謹致上最深切的敬意。

　　本集共分八輯，其中〈森林、節能減碳與土地倫理〉22 首，係對土地倫理之研究、闡述與感慨；〈宜蘭休閒農業之行〉9 首，係在描繪宜蘭之好山好水好風光。

　　而〈跳舞快樂泉源〉6 首，係在述說跳舞運動對人生之重要，鼓勵大家投入韻律，享受忘我之手舞足蹈，增強健康本錢，獲得身心平衡；〈先人有夢〉18 首，係在針砭朝野惡鬥，期待美麗遠景的到來，人人能安和樂利的生活。

　　〈職場生涯〉9 首，係對職場上那些口是心非、逢迎拍馬屁，爭權奪利、爭功諉過之不齒；〈女人世界〉8 首，談男女、夫妻與性。

　　〈懷念母親〉2 首，係歌頌家母及那一代母親之辛苦與懷思。而〈其他輯〉則有 22 首。

趙迺定謹識

森林、節能減碳與土地倫理

目　　次

從浪漫情詩到關懷土地倫理

吳俊賢

　　趙迺定先生從年輕時就是喜愛登山、旅行的詩人，在大自然的山水優美環境中，醞釀了許多山林之美及浪漫情懷佳作。其早期《異種的企求》詩集，韓漪序文中稱他為「登山詩人」，稱讚他把山寫活了；趙天儀序文中就論及他的詩作與眾不同，有飛躍性、流動性與幽默性，「兩首『山與我』，雖然都是抒情的，但是都有他的『朗笑』與『足跡』，他把握了詩的飛躍性，點亮了意象的閃爍。」

一、悠遊山林的浪漫情詩

　　《異種的企求》分為六輯，其中「山與我輯」有二首不同時期創作之〈山與我〉。「以疏落的相思樹顯現你的存在／你的脊椎已駝老／／多少光陰走過豪邁的眸子，我欲知／我問尋腳下草徑／他們的答覆是份莊嚴的緘默」。具有疏落的相思樹，顯然是樹木不多的中低海拔闊葉樹林，並非高海拔雄偉針葉巨木。以樹木稀疏的衰老林相，表現山的蒼老，同時襯托出山中漫遊詩人的年輕與狂放。山是冷眼見證時光

的老人及靜觀的智者。作者以落漠心情走入山中，見山也是落寞無語，朗笑與跫音都無法改變山與我落寞的心。「見你于蒼勁淒草；見你于粗獷巖岩／山啊！你是如此的掛于落寞／沒有叫囂，沒有囁嚅／只是默默的馱負世紀的踐踏／風走過，雨走過／／見你于初春新綠；見你於淙淙潤水／山啊！你仍是那麼落落／太陽走過，月亮走過／／你還是／遠遠落寞，近近落落／／…／／見你于蒼勁淒草；見你于粗獷巖岩／見你于初春新綠；見你於淙淙潤水／我乃汲滿腹落寞／我乃汲滿眼落落」。此時作者尋尋覓覓、心隨境轉，見山是山、見水是水。

　　同樣的落寞情懷，可以在〈鵝鑾鼻燈塔〉見到。除了落寞以外，燈塔的佇立孤寂更為明顯。燈塔的孤燈指引茫茫大海孤帆，具有責任與宿命，堅持堅守海岸，堅持每天暗夜放光，不管指引的是否為來泊靠的帆，被指引的是否為不來泊靠的帆的那份孤寂。由貼著海岸生長的林投，到挺立的瓊麻，再轉景到佇立的鵝鑾鼻，意象有由下而上、由謙卑到高傲的變化。「貼著臺灣海峽，貼著太平洋岸／蒼枯的南投正廣佈／攀個海岩，瓊麻已挺立／鵝鑾鼻佇立依舊／以一份傲岸風姿／／海鷗來了又去／人影來了又去／鵝鑾鼻以蒼白佇立，默默的望著／望著 — 遠遠的帆船石，望著 — 遠遠的石牛／那倩影呢？何久久不入夢？／椰佇立林林，藤攀爬海岩蔓蔓／貓鼻頭在側 — 側以一份落寞沉沉／／支持蕊心果實的瓊麻葉點點萎捲，捲著青綠，捲著／枯黃，鵝鑾鼻孤寂依舊／鵝鑾鼻孤寂依舊」。

　　「情詩輯」包含〈埋心中吧！一份鍾情〉、〈一九七二—

火‧車站‧其他〉、〈認識‧少女〉、〈子午之戀〉、〈假期〉、〈為妳思念〉、〈昨日‧今日‧明日〉、〈懷〉、〈秋怨〉，以及「潔航輯」包含〈帆與港〉、〈愛情季總多雨〉、〈泊一個我在妳上〉、〈伊是無體動物〉、〈而伊仍是〉、〈鞋底‧鞋面〉，都屬情詩。對於已逝青澀愛情的回憶與思念，抽痛心弦的愛戀，詩人在〈為妳思念〉有深情的告白及濃厚的哀愁，以寒星比喻為愛人的眸子，時空遙遠只能瞻望。「憶及／憶及半根蠟燭的日子／有點蜂蜜的腐酵／有點黃昏的悲哀／／兩塊塌塌米的斗室／藏著的夢的心聲／已被絞殺／心在沉落，在呻吟／／過重，思念的包袱過重／視覺滑落在那遙遠的地方／妳微帶憂悒的眸子／以及那麼多日子的黃昏／／妳午夜的眸子跳動著熱情／今夜，只望見點點的寒星／我希冀能踏妳遺落的跫音／可是此刻只有心在顫慄，呼嚎／／秋蟲奏著哀曲／半根蠟燭的日子已遠逝／裸露的情感是不曾冷凍的／再朝遙遠瞻望，拾取記憶中的眸子」。

　　「都市之鼠輯」描繪都市生活眾生相，而對於都市環境的污染，都市人的冷漠，自然、鄉土氣息的喪失，詩人在〈一個斗笠掉落在路橋〉有生動的描述。以沒有雀鳥、沒有夢想，點出都市的環境及心靈污染，象徵自然及鄉土的斗笠在都市完全被漠視，代表都市現代化導致的人性的疏離、貧瘠與劣化演替。其實今天的環境污染問題不只發生在都市，鄉村亦然。我們用了太多的農藥（包括殺蟲劑及除草劑）、肥料在農業生產上，已經嚴重污染生態系，最好的證據就是一些指標生物都不見了。我們現在是否很少看到螢火蟲、蜻蜓、青蛙、溪魚？這些都是指標生物，也是我們小時候在鄉野常見

到的生物，當其消失時就代表當地的環境已經遭受污染及破壞。除了農藥殺蟲劑包括 DDT、地特靈、飛佈達外，尚有許多化學物質包括戴奧辛、多氯聯苯、重金屬汞、鉛、鎘、有機氯化物、酚類等污染物，形成了環境荷爾蒙。這些具有毒性的化學物質長期存在環境中，不容易分解，透過食物鏈及生物濃縮，最後還是累積到食物鏈金字塔頂層的人類身上。1962 年瑞秋卡森（Rachel Carson）出版《寂靜的春天》（Silent Spring）就提及美國許多城鎮由於施用高毒性的殺蟲劑、除草劑，導致生態系中各種生物大量滅絕，當春天來臨時卻聽不到鳥叫聲，因為鳥兒吃了有毒的蚯蚓及昆蟲也都被毒死了。人們為了少數的所謂害蟲或雜草、雜木而大面積噴灑化學藥劑，結果反而嚴重污染環境，害死了許多其他生物，危害人類的健康。其實世界上沒有真正的害蟲或益蟲，也沒有永遠的害蟲或益蟲，這些都是人類給它們的主觀名稱，指的是對人類有益或有害。實際上對人類有益的生物對整體環境或生態系不見得有益，甚至於是有害的。任何生物只要過度繁衍、族群數量大量增加，便會破壞生態平衡，那就是有害的生物。因此只要維持生態平衡，在食物鏈中各種生物生生相剋，就不會有嚴重的病蟲害發生，就沒有所謂的害蟲，也能永續保持有機的農業生產。最明顯的案例是大陸 1958 年大躍進運動中就曾發動除四害、打麻雀的人民戰爭，當年全中國被捕殺的麻雀估計約 2.1 億隻。隨著麻雀漸漸消失，當初沒料到的惡果出現了：1959 年春，上海等一些大城市的樹木發生了嚴重的蟲災，有些地方人行道兩側的樹木葉子幾乎全部被害蟲吃光。麻雀主要是吃蟲維生，雖然有時也會吃

些穀物，但也不致於嚴重危害穀物收成。將麻雀殺光後，蝗蟲等昆蟲沒有天敵便開始大量繁殖，結果產生更嚴重的蟲害與饑荒。

　　現代都市人的心靈污染可能更勝於環境污染。財色名食睡，各種物慾的誘惑與追逐，殺盜淫妄等惡念惡行充斥世間，使原本純淨的人心迷惑顛倒，逐漸污染濁惡，人們自私自利，無慈悲心，才會有疏離冷漠的心態。「一個斗笠掉落／驚不醒鳥叫，只因／沒雀鳥／一個斗笠掉落／喚不醒頑童，只因／頑童沒夢想／／一個斗笠掉落／在路橋中，笠葉簇新／／一個斗笠掉落／車仍馳，白眼冰冷／一個空洞的漠視／那個漠視可以盈滿一萬個斗笠在路橋中」。

二、對自然、環境與土地的關懷與批判

　　從早期年輕時的喜愛登山詩人，到最近預定出版之《森林、節能減碳與土地倫理》詩集，趙迺定的詩已從浪漫抒情的山林吟誦風格走向強烈的言志批判。

　　有關自然保育及土地關懷的詩是詩人近年來的詩創作與論文之重心，第一部分的「森林、節能減碳與土地倫理輯」即彙集這些作品。例如《笠》詩刊第 273 期（2009 年 10 月）之「土地之殤：莫拉克災難專輯」中，趙迺定發表「八八洪災有感五首」；《林業研究專訊》第 98 期（2010 年 12 月）之「森林文化」專欄中，他發表「森林經營與節能減碳詩三首」；《笠》詩刊第 280 期（2010 年 12 月）之「土地正義／校園對話專輯」中，他發表「凱道種不了良心稻五首」，

以及「笠與土地倫理」論文。

　　台灣過去許多水土保持、溪流整治、河岸護坡、海岸防波等工程，都使用了大量水泥、違背自然法則，不但無法發揮預期作用，反而造成溪流與河岸水泥化，攔沙壩斷送溪魚迴游與繁殖生機，魚梯沒水或過高而形同虛設，海岸一粒粒水泥大肉粽破壞海景與海岸生態，以及河岸高聳和河床窄化使民眾無法親近與戲水。大量水泥的非生態工法，完全破壞了自然生態系的結構與環境；以溪流為例，原本充滿天然小水塘與大小石頭的溪床，可提供魚蝦棲息繁衍及躲避天敵的棲地，且一旦被暴雨沖走，當水流和緩時魚類還可以逐漸溯溪歸鄉；天然溪床被水泥化及建起攔沙壩後，等於宣告溪流生態系的徹底毀滅及死亡。又如河川截彎取直，完全違背自然的河流流向與速度，以致暴雨時河水急沖直下，沒有一點緩衝及能量消散的餘地，使水患加劇。〈自然生態工法之詮釋〉以詩表現專業的生態工法，若對此領域無深入的認識與體驗，是無法寫出如此貼切的詩句。種種違反自然生態的水泥工程，已經將大地、溪流破壞得體無完膚。「炸山爆岩鑿渠，不痛的大地；柏油築路上山下海，大地沒呼吸／攔沙壩擋土牆，乾溝野溪水泥化／架管線送水電造家設廠；獨不見魚蝦流淚哭泣／開疆闢土與河川爭地，水泥堤把水窒息在小河裡。夠了，這就是河域／難道還想探頭伸腰，踢腿劈掌／河岸筆直平坦沒缺陷」。對於採用自然石材、碎石、木材及栽種原生植物的生態工法，作者也展現其內行的看法及細膩的觀察。「砍山砍樹砍河砍岩是不該，不顧生態划不來／看山稜走向植樹造林；造蛇籠補裂縫／以最少人為，最小騷擾，

最低衝擊愛撫大地／人為施作輕柔小／讓山泉多瞧瞧這山地；讓暴風雨不再塌樓裂橋／循地勢石材擋土碎石舖路／木材建物竹材籬／山林呼吸，大地換氣／植原生植物，生態自然景觀／拓寬大河小溪，砌石為岸築魚蝦樂園／把愛玉子植被砌石上，營造萬物友善環境／讓爬藤蔓延覆蓋，造蛙龜蛇棲域」。

　　台灣欒樹又稱苦苓舅，是台灣低海拔向陽天然林內常見的樹種，現已被廣做為庭園樹、行道樹，到處可見。其為落葉喬木，二回羽狀複葉，圓錐花序，花為黃色；蒴果具三翅，淡紅色。我曾在南台灣的九月扇平天然林內看到台灣欒樹黃花與紅果同時招展，非常豔麗又醒目。對於台灣欒樹的四季之美及色彩變化，作者在〈台灣欒樹之禮讚〉中有鮮明的描述。「在低海拔開闊地及河谷兩岸／仰望台灣欒樹四季分明樣貌多／春來舞新芽翠綠／夏是濃綠模樣／和著蟬喧鳥叫是清涼／秋則滿樹頂小黃花朵淡雅飄逸／而後轉為燈籠般粉紅的蒴果／猶如火燄般璀璨／賣力的演出了一長季／在冷冽冬的到來台灣欒樹累了／獨留褐色蒴果在樹頂而葉子轉黃掉落／而光禿樣貌在寒風蕭瑟中／俯拾幾粒木欒子串成念珠／休養生息待來春」。

　　〈八八洪災有感五首〉已超越「人本主義」，而其中較為積極闡釋「土地倫理」思想者有〈山林翁鬱〉及〈敬畏大自然〉二首詩。倫理是人類基於理性的自覺，就人與人的各種關係而訂立彼此相互間適當的行為標準；倫理就是人和人相處、修身、齊家和處世的標準，也就是做人的道理。中國傳統「五倫」，出自《孟子‧滕文公上》：「父子有親、君

臣有義、夫婦有別、長幼有序、朋友有信」。廣義而言，倫理應該擴展到人與「萬有」的道理，亦即「土地倫理」、「環境倫理」、「生態倫理」。「土地倫理」（land ethic）是由李奧波德（Aldo Leopold）首先在其 1949 年出版「沙郡年記」（A Sand County Almanac）中所倡導的環境倫理觀點。他認為有一種新倫理的需求，一種關於人類對土地和對生長其上的動物與植物的關係。李奧波德對於其土地倫理的基本原則是：一件事情當其傾向於維護生物群落的完整性、穩定性、及美麗時，那就是對的，當其傾向其他方面時就是錯的。土地倫理只不過擴大群落的界限到包括土壤、水、植物、動物，或全體統稱為土地。土地倫理改變人類之角色從土地群落的征服者到單純的成員及居民。此意味尊重其伙伴成員，也尊重群落本身。現代的生物多樣性保育及永續林業經營，就是具有土地倫理的自然資源保育及經營方式，森林生態系經營同時考量經濟、生態、及社會三個面向，對於土地並非只有掠奪式的經濟考慮，以致殺雞取卵、竭澤而漁，人類是生態系的一份子，不是征服者，萬物和諧、天人合一是林業經營的最高境界。

〈山林蓊鬱〉詩中趙迺定控訴原本蓊鬱的山林由於貪婪的人類濫墾濫伐，導致大地沙漠化、土石流、地層下陷等災害。沒有了森林的保護，大地是如此脆弱且無助，森林生態系中的億萬生靈流離失所。「老祖宗留給我們山林蓊鬱／是國土保安大自然屏障／是阻擋沙塵風暴利器／而那個人却貪婪成性濫墾濫伐／栽高山蔬果植檳榔作梯田／土地非永續利用／一副不知死活／沒有明天／／濫墾濫伐森林失去家園／

忍氣吞聲默默流淚／土地沒了樹蔭樹根的保護／而任日曬任雨淋／在豔陽高照下／暴露成／沙／／大地沙漠化／大自然強力反撲／就是風災水災地震肆虐趕來報到／山崩土石流沙塵風暴／走山地層下陷海岸消退／生靈哀號生態系被凌虐／生物資源枯竭／木材消失海洋資源不見」。在〈敬畏大自然〉詩中同樣對濫墾濫伐、大自然反撲做嚴厲批判。「慢性殺人人神共憤／四面楚歌自我凌遲總有一天／濫墾濫伐炸山爆岩截堵河川／開腸剖肚人定勝天／把山河凌虐致死的那一天開始／受不了的惡水無情山崩地裂不長眼睛／注定大自然反撲」。

　　此外，另有二首詩也是以八八洪災為主題，詩中作者流露悲憫之情。〈想家 ── 記 2010 八八災民「還我家園」夜宿凱道〉控訴大自然遭破壞、原住民家園殘破、無家可回的無奈。「在飄雨的凱道上／你們都快樂的回家了／惟有我們夜宿這裡／有家歸不得呀／／在凱道上在這裡／當我們訴說著各族語哼著慰靈歌／訴說八八水災家園猶殘破／想家回不了家祭不了祖墳的時候／我們有共同的語言／這一年真的很短也真的很長／／夢裡的家園很短／山林裡的家園卻很迢遠」。〈LONG-STAY ── 記 2010 八八災民「還我家園」夜宿凱道〉對照政客的為選票而 LONG-STAY 作秀，災民夜宿凱道顯得淒涼與悲傷。「有人天黑落雨裏雨衣／在凱道落寞的 LONG-STAY／在無情的硬梆梆的凹凸不平的柏油路上躺下／沒有被騰出任何的舖位歇腳／也不是最尊貴的客廳／也沒有被供養點滴茶水／卻有最豐盛的理想大餐／／同是吃喝拉灑的人又有誰不一樣／同是在 LONG-STAY 心情卻不一樣

／有人得意忘形的遺忘當年的諾言／有人衝著永不熄滅的理想無悔的在奮鬥」。

　　另外在〈土地倫理詩三首〉雖然也是闡述土地倫理的理念，卻較為柔和，較無強烈的批判。〈這真是哪門子的帳──為榕樹代言〉對於榕樹用樹根緊緊抓住大地的立足台灣精神，卻被驅逐追殺叫屈。「要不怕千年風雨飄搖／委實需要很大勇氣／把根鬚潛入地底／穩穩抓住大地／穿透屋頂穿透牆頭／無非要立足台灣這塊土地／綠意盎然繁衍千萬世代／／你却剷林除草築路蓋屋遮風避雨／還說你先佔的民法規定歸你／還說我破壞你的屋宇你的牆角／還說我這棵榕樹屬陰不吉祥／然後就聚眾追殺」。〈一朵小小紫色花〉表現如小人物般的小紫色花卑微但自在且自信、堅韌且無懼風雨的活著。「既使在牆角既使在圍籬下／猶自綻放小小幾朵碧綠的葉／沒有小指頭大的葉／而後奮力長出生命奇蹟／而後開出一朵小小的紫色花／而紫色花更只是一丁點兒的大／／…／／即使被風壓著打／被雨開過槍／只要我的生命猶在／自有我的一片／天地」。〈誦螢〉藉螢火蟲呼籲人類要善待土地、善待萬有。「你這不速之客／我的生我的美醜自有我存在的價值／那是造物者的恩賜／一如造物者造了你／讓你闖進我的婚禮盛宴／讓你打擾讚嘆再三輕呼連連／無非是要你感悟天地之大／生命之奧祕奇蹟／而善待這片土地／而善待萬有／而這片天地的樂土／就是你我安樂和諧的共同家園」。

　　螢火蟲俗稱「火金姑」、「火金星」、「火焰蟲」，屬於鞘翅目螢火蟲科，全球有 2,000 多種，台灣約有 61 種，屬於完全變態昆蟲，生長時間相當長，生命過程必須經歷卵、

幼蟲，蛹及成蟲四個階段，幼蟲期長達 10 個月，成蟲的生命只有約 20 天。螢火蟲分為水生、半水生、陸生三種，其生活需要乾淨、無污染的環境，是非常典型的環境指標生物。卵產於水邊青苔或水草，甚至樹枝上。卵孵化後水棲性之種類會爬向水中，陸棲性之種類則在潮濕地面上活動。幼蟲以螺類、蝸牛、蚯蚓或其他昆蟲為食物。過去台灣鄉下地區晚上常可見螢火蟲飛舞，隨著社會環境發展與變遷，現在螢火蟲已經越來越稀有了。同樣是對螢火蟲的讚嘆，〈提燈熱烈演出〉則展現作者對螢火蟲生態的熟稔，也是寓教於詩的最佳典範。「螢火蟲生態指標／愛提燈籠以特定節拍閃爍／四處追尋最完美的愛情／在幽暗田野山澗森林裡／就看是水生型是半水生型還是陸生型而定／螢絢麗神秘又薄命／提燈飛舞猶如星星／滴落凡間又似明珠相連／全世界兩千多種美麗台灣五、六十樣／／生息短暫猶似詩人騷客歲月苦短／秉燭夜遊淒美景色淒美年華／螢夜行性完全變態的昆蟲／或四個月或一年或半載就是一代／打從卵期幼蟲期蛹期一生學習散發光芒／直到成蟲名螢火蟲／而那四階段四個樣貌」。

　　節能減碳是當前全世界都很重視的議題，也是我國政府因應氣候變遷的重要國家政策。聯合國於 1997 年通過了具有法律約束力的「京都議定書」（Kyoto Protocal），2005 年 2 月 16 日生效，議定書內容規定了工業化國家定量的溫室氣體減排義務，以法律形式要求工業化國家控制並減少至少六種溫室氣體的排放，並規定於第一承諾期（2008-2012 年）內，將這些溫室氣體的全部排放量降至比 1990 年排放水平總量減少至少 5%。議定書對於森林吸收及儲存碳素之方式規定如

下：（1）第 3.3 條：1990 年以後進行的新植造林（Afforestation）、更新造林（Reforestation）、毀林（Deforestaton）等三項活動所造成的 CO_2 吸收或排放之淨值，可併入排放減量值計算。（2）第 3.4 條：在農業土壤與土地利用變更及林業部門中，因為額外的人類行為所導致溫室氣體排放或移除的改變，可併入締約國指定量的增加或減少值計算。因此，植林減碳現今是受國際公約所肯定與承認的，造林也是一種低成本、高效益的減碳方式，又有多元功能，對環境改善有正面效應。要減少大氣中的二氧化碳有三種碳管理策略：碳保育（carbon conservation）、碳吸存（carbon sequestration）、及碳替代（carbon substitution）。森林不只是大地的守護神，森林也是水的故鄉，森林更是蘊釀甘泉的原鄉，森林是我們的生命樹根，緊緊抓住國土大地，提供眾生生命的奶水。〈森林經營與節能減碳詩三首〉也是和土地倫理密切相關的詩，係趙迺定對森林經營的肯定與讚嘆，其對林業管理的真諦有深入了解。〈森林經營與節能減碳〉對現代的森林永續經營、利用、生態旅遊、保育、碳管理都有讚頌，詩人對林業方面的知識非常豐富，實在令人佩服。「樹木可強化地質改變地形也中和氣候／百年大計就是森林經營／林業碳匯管理體系／築基於碳吸存、碳保育及碳替代／再加上碳管理／適度更新林地才有新地再造林／維護保育天然林也要管理保安林地／經濟林則要符合林木生產目的／／…妥善管理老齡的樹種／砍老樹種小樹世世代代生生不息／自可減緩全球暖化／也是京都議定書的遵行／劣化森林要復育、森林更要保育／永遠永續經營」。〈瞪著混濁的眼球〉是對環境破壞、河川污

染、森林毀滅之濁惡情境素描與抗議。「它們的污水口不斷排出混濁的液體／那是黑色黃色褐色或是灰白色深紅色的液體／而魚苗生病了／魚獲也大大減／而農產蔬果腐爛又變了形／而不遠處就瞪著混濁的眼球／那是漂浮的死魚屍／人們在惡水中打撈廢棄物／呼吸著充滿煙塵的空氣／黎民百姓日復一日／苟活在無奈的地域／／…森林樹木砍伐殆盡了／就無成熟樹種備供取材／也造成地表沙漠化氣候大變遷／當河水不再流當樹木不再生長／摩天大樓就如幽靈躺在黑黑的灰霧中／他們呼吸著高二氧化碳排放的天空／他們窒息了城市也窒息了」。此亦印證佛經所云：末法時期，眾生飲苦食毒。各種工業、化學廢棄物、農藥污染了我們的河水、空氣、土壤。環境污染根本起自人心污染，所謂心淨則國土淨，心能轉境，吾人能不警惕嗎？〈節能減碳友善環境〉宣揚經濟和環境平衡的永續發展理念，低污染低碳的友善環境才能真正造福後代子孫。「經濟發展的核心價值／是要人文與環境的平衡／永續發展的經營／節能減碳是負責任的態度／對世界盡上一份的心力／也是對台灣環境的友善／那就是台灣人生命安危之所繫／對人的尊重就是尊重自己／節能減碳就是產業的創新／我們要低耗能低排放低污染／做到這一點才是真正的經濟起飛／遺福後代子孫」。

三、自然田野悠閒體驗及奔放舞動

「宜蘭休閒農業之行輯」有九首詩，是作者參加行政院農業委員會輔導的宜蘭休閒農業活動之旅遊詩作，記錄蘭陽

休閒農業的種種自然優美田野風情。〈召喚〉以鰻魚苗和鮭魚點出鄉愁，流露浪子思鄉之情。〈腳踏車與風車的調色盤〉以單車車輪及風車調色盤的轉動漫遊平原，由多色轉成白色無瑕的心，意味生活雖多彩轉動，自心應清淨不動。〈網〉同情漁人暗夜張網捕鰻苗之苦，宿命就像一張網等在人生苦海。〈放風箏〉以紙糊風箏和不織布風箏象徵傳統的宜蘭和現代的宜蘭之不同風貌，走在時代的叉路，腳步有些猶豫。〈遊北關休閒農場有感〉對於該處多樣的植物、動物、蝴蝶、螢火蟲有讚美與肯定，也承認物種生活權，亦已超越人本主義。〈頭城農場見聞〉作者帶我們體驗小時農村生活與文化，以寫生的手法呈現農村童玩、炕窯、天燈、竹藝、菜園、果園、火雞、鵝、山豬、水牛、番鴨、鄉土料理、土牆屋等，豐富又有趣。透過對自然生物的觀察，詩人孕育出眾生平等的慈悲，例如〈我說我不要〉在北關休閒農場遊覽生態美景後，將帶回的玻璃瓶中小蝦放生，而其快樂依然。

作者除了喜愛登山、寫詩外，也喜愛拉丁舞，〈跳舞快樂泉源輯〉即展現舞蹈之樂，其對於歌者及舞者的奔放生命舞台，有深刻的感動。〈妳晃一頭馬尾髮 —— 送給「脫軌演出」唱者王美蓮〉詩中，詩人陶醉在舞蹈的旋律、節奏裏。「妳扭腰擺臀／舞在當下／沒有自我矛盾沒有情念煽動／妳深邃的雙眸亮著神秘微笑／抖落一個個的音符一節節的律動／手舞足蹈微妙／舉手投足迴旋再迴旋／靈與舞天衣無縫／所有的陽光拱照妳／所有的月光被灑妳／恣意青春恣意歡笑」。〈跳舞快樂泉源〉以蛇般的誘惑與性感來形容跳舞的魅力與快樂：「撥弄的指變調的扭動如蛇軀／卻是蹦出一股

誘惑／一個自撫一個性感／傳來溫柔媚笑／一顆愛跳舞的心／就是快樂泉源／愛跳舞呀愛跳舞」。

四、台灣本土政治批判

「先人有夢輯」屬於對台灣本土政治現象之批判與諷刺詩，例如於〈在這不理智的世界〉、〈先人有夢〉、〈我說爆料〉、〈口業〉等詩，有關爆料文化的流彈亂射與傷人傷己及各種亂相作者皆有強烈的貶謫。在〈先人有夢〉、〈大掃除〉詩中，對清廉的民主政治則有許多的期許。此輯的嚴肅氣氛中，也有溫馨如〈台灣我的母親〉，寫出對台灣這片土地的深情依戀。對於戒嚴時期的強權與白色恐怖，詩人也在〈先人九泉含笑〉、〈五個世代三個世界〉等詩表現抗議與不滿。〈青笛仔〉這首詩以一生執著綠衣衫、唱台灣的歌之青笛仔暗喻為真正愛台灣的台灣人，技術上十分巧妙，相對於吃著台灣米卻不唱台灣的歌之變色鳥，其強烈顏色對比的意義很顯著。

五、現實生活及人物觀察

「職場生涯輯」對於職場生涯的小人物，詩人給予相當的敬意及抱不平。〈大頭針〉描繪挺真正有氣節、有骨氣的小員工，有時小脾氣不經意刺傷長官的富貴手，則導致升官、考績都吃虧的後果。〈哈巴狗〉暗諷忠狗之流依順上司，年資能力不管，升官、考績都吃香。對於官場為了升官發財的種種惡行惡狀，作者毫不留情地揭露與呵責，例如〈討賞〉、

〈官字二口〉、〈沒說沒做沒看到〉、〈天降大任〉，以正義之劍貶惡除奸，和詩人平常的溫文儒雅個性迥異，有怒目金剛之威。

　　〈女人輯〉有明顯的性意象的詩如〈煙囪〉、〈蟬翼〉。〈牽手〉對喚不回的青春猶存浪漫幻想，意圖在野花香中尋覓雄風與熱情。

　　〈懷念母親輯〉是對台灣傳統鄉下母親的描繪，〈阿母有二口灶〉以煮飯炒菜養家小及煮豬菜養豬仔的灶，襯托出母親生活的艱苦。台灣傳統鄉下小規模養豬，以收集的廚餘及蕃薯連藤帶葉煮過的豬菜來餵豬，養出來的豬比較有機。煮豬菜用大灶，通常是女性的工作。詩末突然轉折為艱苦的是一堆人被抓，失蹤或被關，最後以被煙燻來否認流淚，表現出時代的悲劇及母親的堅忍。〈阿母有一領新衫〉藉由神明愛看穿新衣的人，來諷刺人情的現實與勢利。每年過年才穿的新衣早已不是新衣，但是母親以歡喜的心去拜拜、過年，插上一朵紅花象徵喜氣。詩人以母親心情的歡喜來詮釋衣服的新舊，也反映出母親的純樸與節儉。

　　由趙迺定先生創作歷程來看，他是一位豐產、活躍的詩人，由早期的浪漫「登山詩人」，現在已演化為關懷土地、森林的「自然保育詩人」，不變的是一顆柔軟、敏銳、活潑的詩心。我們期望他將來有更精彩、豐盛的詩創作與評論，並更加宣揚自然保育、土地倫理的真諦。

擁　抱　土　地

── 讀趙迺定[1]詩集

葉　斐　娜

一、前　言

　　每一位詩人所珍視的，是內在自我價值的建構，進而推展其理念。簡政珍說：「詩人擁有最獨立的自我，但這種自信卻建立於和外在世界的交融。」[2]覃子豪說：「詩的本質，是詩人從主觀所認識世界的一種意念，這意念是情緒的一種昇華狀態，是從許多剎那間而來的形象底凝塑，是具有一種渾然美意境底完成。」[3]以此二觀點來觀察趙迺定的詩想，可以說相當吻合。在趙迺定的第一本詩集《異種的企求》中，

1　趙迺定，台灣省嘉義縣人，1943 年 12 月生，成功大學工商管理系企業管理組畢業，筆名迺萊、故人、司徒凱。1961 年開始發表新詩於《自由青年》雜誌，其後陸續發表詩、散文、詩評、兒童文學、遊記等於報章雜誌，累積發表上千篇首，共數十萬言；於 1975 年 11 月單行本《異種的企求》結集。趙迺定創作文類以詩為主，其次為散文和小說。詩語言風格摯樸，具有自然情趣。趙天儀曾評：「作者似乎頗有飛躍的企求，要讓詩的意象繽紛，閃閃發光」。

2　簡政珍，《詩心與詩學》（台北：書林出版有限公司，1999 年），頁 26。

3　覃子豪，《論現代詩》（台中：普天出版社，1976 年），頁 5。

便呈現他對大自然的喜愛，韓漪說：「本來野外大自然的山水，就是能夠陶冶人性的；迺定兄以他特異的悟性、智慧、領會了山水情趣之後，再味出來的詩篇，都是分外的動人。」[4]延續愛山愛水的精神，在他的第四本詩集《森林、節能減碳與土地倫理》裡，持續表達了他對山林、大自然的關愛，進而推展到對土地、家園的重視並對不平之事件起而批判，強烈的表達對「土地倫理」的主張。

　　阿爾多‧李奧帕德（Aldo Leopold）在被視為「保育界的聖經」──《沙郡年記》（A Sand County Almanc）裡首度提出「土地倫理」的觀念，他認為眾人需要一種「新的倫理」，一種處理人與土地，以及人與在土地上生長的動物和植物之間的倫理觀，他說：「土地的倫理規範反映出一種生態良知的存在，而生態良知則反映出，人們相信人人都必須為土地的健康負責。土地健康是指土地自我更新的能力，而自然資源保護是我們對於了解和保存這項能力所作的努力。」[5]陳健一認為：「關於做為土地深層哲學的『土地倫理』不是憑空而來，是感觸於土地遭到不義待遇，發展出來的。這一點，西方經驗如此，台灣經驗亦同。」[6]他更提出台灣遭致的土地問題，包括：土地經營失據、環境污染仍嚴重、保育文化的粗糙、教育無知於土地、乖離土地的文化、泛民族主義

4　韓漪，〈迺定之詩〉《異種的企求》（台北：巨人出版社，1975年），頁1。

5　阿爾多‧李奧帕德（Aldo Leopold），《沙郡年記：李奧帕德的自然沉思》（台北：天下遠見出版股份有限公司，1998年），頁347。

6　陳健一（台灣土地倫理發展協會秘書長），〈初探台灣「土地倫理」的構成〉
　　http://www.mcu.edu.tw/department/genedu/env/90term/download/class03/c0303.doc。　檢索日期：2011.10.31。

干擾土地資源的合理流動等，這些課題的背景，都指向人和土地的連接關係。事實上，台灣經驗與西方經驗當然是有所差別，但人與自然之間關係的息息相關，卻是不分地域，近年來，「環境教育」的理念漸入人心，就連三歲小娃也能琅琅上口：「隨手做環保，明天會更好。」但是，「土地倫理」並不等於「環境保護」，它所涵蓋得更廣。

　　王家祥說：「『尊重的了解』便是我們所生存的環境要求的權利，其實這也是從人的角度出發的思索方式，只不過把人類的地位由主宰及破壞的角色企圖轉變為『謙遜的生活者』。人與荒野，人與山林，人與溪河，人與自己所構築的社會，不是對立的，而是兄弟姊妹般的關係。」[7]此看法貼近李奧帕德所主張的「土地倫理是要把人類在共同體中以征服者的面目出現的角色，變成這個共同體中的平等的一員和公民。它暗含着對每個成員的尊敬，也包括對這個共同體本身的尊敬。」趙迺定詮釋倫理是「來自情感而後理性再成倫理。而以往倫理指人群相對相倚關係的法則；係基於理性就人與人間關係訂立彼此適當行為標準。」[8]他又說：「工業革命，人類生產技術改變，駕馭地貌能力膨脹；尤自二十世紀後，生產技術革命性變革，比如機器、生命基因都獲致成果，也改變人對土地的時空意義。更因之產生弊端，比如暖化、雨林消失、污染、空氣混濁、土壤酸化等。」如此的觀念與主張，引發他的詩想，因而完成了「森林、節能減碳與土地倫

7　王家祥，《自然禱告者》（台中：晨星出版社，1992年），頁37。
8　內容出自趙迺定 2010.05.10 於國立台北大學中文系〈笠與土地倫理〉演講稿。

理輯」，更以此重心為新詩集命名。

　　一般而言，詩的呈現與詩思的聚焦，跟詩人的年齡、歷練相關，作者在 1975 年 11 月出版的《異種的企求》裡流露出較多的文藝青年的筆法，雖有議論，但委婉含蓄，而在第四本詩集中，便企圖跳脫文質彬彬的口吻，改以率真、直接的方式，給予讀者深刻的第一印象。全書依序分為「森林、節能減碳與土地倫理輯」、「宜蘭休閒農業之行輯」、「跳舞快樂泉源輯」、「先人有夢輯」、「職場生涯輯」、「女人世界輯」、「懷念母親輯」、「其他輯」等八輯，本文所要探討的是從趙迺定展現「土地倫理」觀念的詩篇著手，期盼使讀者對其土地之愛能有深一層的認識。

二、「土地倫理」主張之呈現

　　李奧帕德認為目前為止，「所有已成形的倫理規範都以一個前提為基礎：個人是成員相互依賴的群集的一份子。」「土地的倫理規範只是擴展了群集的界線，使其納入土壤、水、植物和動物；我們可以將這些東西統稱為土地。」[9]當人們將所關注、相互依賴的對象擴展到土壤、水、植物和動物時，漸漸引導出面對新的生態情勢的態度，「自然資源保護」就成為刻不容緩的課題，需要一個正確無疑的目標及長遠適切的做法。

---

9 阿爾多・李奧帕德（Aldo Leopold），《沙郡年記：李奧帕德的自然沉思》（台北：天下遠見出版股份有限公司，1998 年），頁 324。

（一） 詮釋自然生態工法

在「森林、節能減碳與土地倫理輯」中，趙迺定痛責人們對於土地倫理的枉顧，於〈自然生態工法之詮釋〉中談到：

> 築夢白花花龍銀，笑的多甜美
> 砍深山野樹野草。說：一文不值，去你的
> 整一壟田，種香茅油桐油檳榔、蔬菜蘋果梨
> 砍山巔鏟山腰，蓋山莊俯瞰大地
> 招攬同好。說：好山好水好天地
> 炸山爆岩鑿渠，不痛的大地；柏油築路上山下海，大地沒呼吸
> 攔沙壩擋土牆，乾溝野溪水泥化
> 架管線送水電造家設廠；獨不見魚蝦流淚哭泣
> 開疆闢土與河川爭地，水泥堤把水窒息在小河裡。夠了，這就是河域
> 難道還想探頭伸腰，踢腿劈掌
> 河岸筆直平坦沒缺陷
> 蓋核電廠、工業園區；引進 Mall，來個 101
> 千萬噸水泥鋼板呼隆起，別說沒能耐，別說喘不過氣
> 我們是世界第一

為了神速的經濟發展，無視於土地、自然的命脈，建造出台灣奇蹟，但也失去對土地的尊重。為了「拼經濟」，人們神色自若的砍除了深山野樹野草，種上了香茅、油桐、檳

椰、蔬菜、蘋果、梨等等的經濟作物；為了工作之餘的休閒
度假去處，而炸山、爆岩、鑿渠，建造出一棟棟的度假中心；
為了上山下海遊玩的便利，到處鋪設柏油路；另外，如架管
線送水電造家設廠、濫用河川地、蓋核電廠、工業園區等等，
忽略了這些自然資源繼續存在於自然狀態的權利。於是，接
下來：

> 不該來的來啦，要來的來啦，地底轟隆，瞬起萬丈光芒
> 大地探頭伸腰，只不過要把疲累拂去
> 卻是天崩地裂鬼哭神號；巨石轟然而降
> 如蟒土石流東奔西跑
> 裂山川；踐部落；滅鄉鎮；破屋殘窗失怙活埋
> 天地巨變生靈塗炭
> 921 大自然反撲，溫馴大地冷血殺手

　　過度消費自然的結果，大地反撲，原本多情的山林天崩
地裂，走避不及的人們跟著房舍被活埋，倖免於難的人們則
失去了房子、財產，四處響起哀嚎，然而，肇事者是誰呢？
痛定思痛，亡羊補牢，趙迺定說：

> 無法抹滅心中痛，懺悔的心
> 終要放下強取豪奪，學敬山愛林：
> 砍山砍樹砍河砍岩是不該，不顧生態划不來
> 看山稜走向植樹造林；造蛇籠補裂縫
> 以最少人為，最小騷擾，最低衝擊愛撫大地

　　人為施作輕柔小
　　讓山泉多瞧瞧這山地；讓暴風雨不再塌樓裂橋
　　循地勢石材擋土碎石鋪路
　　木材建物竹材籬
　　山林呼吸，大地換氣
　　植原生植物，生態自然景觀
　　拓寬大河小溪，砌石為岸築魚蝦樂園
　　把愛玉子植被砌石上，營造萬物友善環境
　　讓爬藤蔓延覆蓋，造蛙龜蛇棲域
　　電廠工業園區；巨蛋101
　　花草森林泥巴地；生態自然景觀環保經濟發展
　　萬物和諧生生不息

　　對於土地的強取豪奪，終究遭致厄運，這只是一種惡性循環而已，想要終止這現象，必須正視土地的價值，以最少人為、最小騷擾、最低衝擊來對待大地，不再將土地使用朝向經濟價值作考量，而是應該想到「永續發展」的層面，讓「萬物和諧生生不息」。

（二）自然萬物皆有其存在的價值及意義

　　人類與環境的互動隨著時間不斷地改變，自工業革命後人口大幅增加，資源無止盡的取用，導致地球資源日趨枯竭。人類在邁入二十一世紀初，應該更懂得愛護環境保育生態，這不僅是口號的響亮，最重要的應該是身體力行。

　　在生活環境中，各種生命都有其存在的價值及意義，一

隻蝴蝶在巴西搧動翅膀,有可能會在美國的德克薩斯引起一
場龍捲風,人與生命、自然之間息息相關,隨著詩人對現實
事物的觀察、心志的活動,牽引著讀者的想像,藉以引發共
鳴,請看〈台灣欒樹之禮讚〉:

> 天然林在台灣地體史形成的過程
> 歷經四次冰河期、間冰期
> 自東喜馬拉雅山系的
> 裸子植物、高山植物等最古老物種的子嗣引渡來台
>
> 台灣自然史長達二五〇萬年之久
> 在悠遠漫長的歲月裡
> 在環境天擇演化之下發展出最適合台灣土地環境的生
> 命之一
> 台灣欒樹原生樹種世界十大名木之一
>
> 在低海拔開闊地及河谷兩岸
> 仰望台灣欒樹四季分明樣貌多
> 春來舞新芽翠綠
> 夏是濃綠模樣
> 和著蟬喧鳥叫是清涼
> 秋則滿樹頂小黃花朵淡雅飄逸
> 而後轉為燈籠般粉紅的蒴果
> 猶如火燄般璀璨
> 賣力的演出了一長季

在冷冽冬的到來台灣欒樹累了
獨留褐色蒴果在樹頂而葉子轉黃掉落
而光禿樣貌在寒風蕭瑟中
俯拾幾粒木欒子串成念珠
休養生息待來春

台灣欒樹落葉性大喬木
樹冠傘形遮蔭庇護大地
既耐旱耐瘠又韌性強一如台灣人的生命力
台灣欒樹綠色隧道
行道樹功效最高花期特長好觀賞
都市心肺綠美化的好植栽

（刊高雄市綠色協會 2008.12《為欒樹寫一首詩》）

　　台灣欒樹（學名：Koelreuteria elegans），別名苦楝舅、苦苓江、金苦楝、拔子雞油、台灣欒華、木欒仔、五色欒華，一種無患子科的落葉喬木植物，為台灣原生特有種[10]，它的耐旱性強，分布於河谷兩岸及低海拔向陽的闊葉林內，花期在 8 至 10 月，果期為 10 月到 12 月之間。其特徵為二回羽狀複葉，互生，黃色花，果是暗紅色的，名列世界十大名木之一。台灣欒樹從滿株綠葉到開花時呈黃色，結果時又轉為紅褐色，直至蒴果乾枯成為褐色而掉落，共有四色，觀賞期特

---

10 維基百科（台灣欒樹），
　　http://zh.wikipedia.org/wiki/%E5%8F%B0%E7%81%A3%E6%AC%92%
　　E6%A8%B9　檢索日期：2011.10.31。

長，故稱為「四色木」，是極佳的園景樹、行道樹（非常耐污染），黃花不僅可提鍊成黃色染料，也可入藥治療眼睛紅腫，而圓黑、堅硬的種子，稱為木欒子，可穿成念珠。

此詩以白描手法娓娓訴說台灣欒樹的優點、迷人處，詩末不忘讚揚「既耐旱耐瘠又韌性強—如台灣人的生命力」，台灣欒樹於遠古時代便已來到此地，比眾人更堪稱為台灣的主人！

另外還有詠螢的〈提燈熱烈演出〉、〈誦螢〉、為榕樹代言的〈這真是哪門子的帳〉、為藍腹鷳代言〈愛我請別逼我〉，以及讚揚性質的〈台灣金線蓮〉，趙迺定並且懇切的提出呼籲「當一切瀕臨絕種命運才知道／最原始記憶　最深層良知／愛要永遠呵護」（〈愛要永遠呵護〉），希望一切來得及！

在「宜蘭休閒農業之行輯」中，趙迺定藉〈我說我不要〉來拒絕北關休閒農場所發展的特色「帶瓶水養隻蝦自己 DIY 帶回家」，決定「我囊著透明玻璃瓶養著小蝦悠游回家／而當我詩成我將把小蝦放生／而我的歡愉在詩裡在眷念裡」，表達了他對天生萬物的尊重。

三、針對乖離土地行為的批判

自然資源的保護必須要達到人和土地和諧共存的平衡狀態。土地雖是一個能自我調節的有機體，但當人為的掠奪超出它的極限時，調節能力受到破壞，便會引發難以收拾的大災難，形同自然反撲，例如 921 大地震、88 洪災等氣候的異

常狀況，而土地的永續經營話題，也引發「土地正義」的呼
籲，底下就此二重點分述。

（一）88 洪災的大地反撲

2009 年 8 月 8 日，莫拉克颱風橫掃中南部，重創南台灣，
屏東山區一口氣下了 3000 多毫米的雨，在台灣史上前十個最
高的雨量紀錄，莫拉克一天之內就破了九個，造成台灣五十
年來最嚴重水患，但同樣是當年八月，新竹地區連續高溫，8
月 2 日中午飆到 39.4 度，創下新竹史上最高溫，台灣有史以
來第五高溫，這樣極端出現的天氣現象，都是受到全球暖化、
海水膨脹的影響。[11] 氣象專家觀察台灣四周海面，十年來已
經上升了 3 公分，這變化雖然細微，但將會造成大氣環境更
不穩定，也就是每年來台的颱風，強度和範圍都更大，這些，
便是乖離土地行為之後「大地反撲」的惡果。

請看「八八洪災有感五首」的第一首〈山林蓊鬱〉：

老祖宗留給我們山林蓊鬱
是國土保安大自然屏障
是阻擋沙塵風暴利器
而那個人卻貪婪成性濫墾濫伐
栽高山蔬果植檳榔作梯田
土地非永續利用
一副不知死活

---

11 萬里天，〈暖化融冰原　台灣面臨洪災威脅〉，
　　http://blog.udn.com/davidking88/3590263，檢索日期：2011.10.31。

沒有明天

濫墾濫伐森林失去家園
忍氣吞聲默默流淚
土地沒了樹蔭樹根的保護
而任日曬任雨淋
在豔陽高照下
暴露成
沙

大地沙漠化
大自然強力反撲
就是風災水災地震肆虐趕來報到
山崩土石流沙塵風暴
走山地層下陷海岸消退
生靈哀號生態系被凌虐
生物資源枯竭
木材消失海洋資源不見

老祖宗嘆息在地人噙著血淚
無助的恐懼無辜的生命
而造孽者已撈飽賺足逃之天天
官員尸位素餐終日想著保官位
唯唯諾諾對焦上位唯一門票
蔑良心逢迎拍馬屁卑躬屈膝

　　上位的愛恨情愁是旨意
　　不待上令揣摩從行

　　那個人的世界沒有公理正義
　　那個人的世界沒有愛沒有關懷沒有同理心
　　沒心沒肝沒淚沒肺沒膽
　　那個人不是不會掉淚
　　等天譴日到來

（2009.08.20／刊 2009.10 笠詩刊第 273 期）

　　作者從老祖宗留給我們珍貴的遺產 —— 蓊鬱的山林談起，譴責人們貪婪成性的濫墾濫伐，栽植高山蔬果、檳榔等，使得土質變化，整體生態發生改變，於是，山崩、土石流、沙塵暴出現了，進而走山、地層下陷、海岸線消退，整個生態系被破壞、凌虐，生物資源漸漸的出現枯竭，良材、海洋資源消失不見，嚴重的影響了人們的生活，此時，善良的老百姓求助無門，肇事者得到利益之後，輕鬆愉快的離開，官員無能，甚至瞞上欺下，世界失去公理正義。第二首〈敬畏大自然〉呼籲大家要「尊天敬地敬畏大自然／留條生路／與大自然和諧共處／人類的長治久安永續發展」；〈怎差這麼多〉、〈沒說沒做沒知〉、〈來人是誰〉則譏諷了上位不知人民疾苦的官員。

（二）捍衛土地正義之聲

　　2010 年 7 月 17 日，因大埔徵地事件，來自大埔、相思

寮、灣寶、二重埔、璞玉、土城等面臨土地徵收的農民，夜宿凱道，其訴求是「圈地惡法，立即停止」，並在凱道上種滿了「凱稻」，要把被怪手鏟平的田「種回去」。此舉是為了捍衛土地正義，呼籲政府對農地徵收政策修法改善，別再浮徵農地，以堅持保障農地與發展永續農業的主張。對於「土地是農民的」的主張，趙迺定也極力支援，肯定「祖田與大自然共生息」，如〈凱道種不了良心稻〉末三段：

　　入夜在凱道上
　　有人正盛大舉行一場祭禮
　　有未成熟的五百株良心稻不播種在凱道上等死
　　而是決心散播在人心上發芽
　　老農以蕃薯圍繞著點燃的燭火
　　排成「LAND JUSTICE」字樣
　　無助的望向天地望向神農大帝
　　老農絕不寂寞
　　大家都是有良心有血淚有良知的人
　　決心呼喚土地正義歸來
　　把農田家園還給美麗台灣
　　把福田永續流傳後代

　　老農沒有知識只有常識
　　那常識是與天地共生台灣長治久安
　　特意製造烏煙瘴氣工害毒氣廢氣
　　剝奪大自然呼吸貽害後代子孫自是永劫不復

　留下祖田與大自然共生息
　子孫後代至少還有口飯吃

　凱道種不了良心稻
　凱稻滋長在良心上

　　土地的運用，應是讓它能夠回復原始功能 ── 滋養萬物，不應是執意發展工業經濟，製造了令人難以忍受的烏煙瘴氣、工害毒氣廢氣，當時在凱道上，有自動自發到場聲援的民間人士、學生以及主要主角 ── 老農，他們共同呼喊「還我土地正義，停止土地徵收！」，為的是能夠爭取種稻的權利、傳承祖先所留下來的土地，如此單純的想望。

　　針對此事件的詩作，還有〈這麼單純的慾望〉、〈想家 ── 記 2010 八八災民「還我家園」夜宿凱道〉、〈LONG-STAY ── 記 2010 八八災民「還我家園」夜宿凱道〉，顯現詩人感同身受的義憤填膺，情不自禁的為農民發出捍衛土地正義之聲。

四、結　論

　　趙迺定表露其詩觀：「以真善美為基調，以體恤弱勢者，為中下階層代言為主題；期人類社會更見公平公正公義，而且相互尊重、體恤與諒解。此外，對僅有的一個地球 ── 我們的生存空間，務求與大自然共存共榮，維護萬物生存的基本條件，以達天人合一之境。」充分表達他意欲為弱者代言、

力振社會中的公平公正公義、關懷土地倫理的明確理路，由
詩觀與其詩作做對照，讀者可以深刻感受二者切入點的嚴肅
與深意。

　　郭楓說：「笠詩群的整體藝術傾向，展現著真摯、純樸、
簡約的風格。」[12]1970 年因理念認同而加入笠詩社的趙迺定，
多年以來，詩風由趙天儀所評的「飛躍性、流動性與幽默性」
[13]轉化為真摯、純樸、簡約的風格。從「森林、節能減碳與
土地倫理輯」的詩作呈現，筆者感受到趙迺定採用充滿激昂、
感性強烈、時而譏評諷刺的言語直接陳述，捨棄象徵、隱喻、
歧義性的意象，確切的表達其訴求與抨擊，完整的建構了自
我價值觀念，真切的擁抱這片土地。

12　郭楓，〈從比較視角論笠詩社的特立風格〉《笠詩社四十週年國際學術
　　研討會論文集》（台南：國家台灣文學館籌備處，2004 年），頁 100。
13　趙天儀，〈飛躍性、流動性與幽默性〉《異種的企求》（台北：巨人出
　　版社，1975 年），頁 3-8。

參考書目：

王家祥，《自然禱告者》（台中：晨星出版社，1992 年）

簡政珍，《詩心與詩學》（台北：書林出版有限公司，1999 年）

覃子豪，《論現代詩》（台中：普天出版社，1976 年）

趙迺定，《異種的企求》（台北：巨人出版社，1975 年）

鄭炯明編，《笠詩社四十週年國際學術研討會論文集》（台南：國家台灣文學館籌備處，2004 年）

阿爾多・李奧帕德（Aldo Leopold），《沙郡年記：李奧帕德的自然沉思》（台北：天下遠見出版股份有限公司，1998 年）

參考網站：

維基百科（台灣欒樹），

　　http://zh.wikipedia.org/wiki/%E5%8F%B0%E7%81%A3%E6%AC%92%E6%A8%B9。

　　檢索日期：2011.10.31。

陳健一（台灣土地倫理發展協會秘書長），〈初探台灣「土地倫理」的構成〉

　　http://www.mcu.edu.tw/department/genedu/env/90term/download/class03/c0303.doc。

　　檢索日期：2011.10.31。

萬里天，〈暖化融冰原台灣面臨洪災威脅〉，

　　http://blog.udn.com/davidking88/3590263

　　檢索日期：2011.10.31。

環境・再現與尋思

—— 讀趙迺定《森林・節能減碳與土地倫理》詩集

岩　上

　　詩、音樂與跳舞三者溶合為一體，被共認為初民藝術最古的形態。「詩者志之所之也。在心為志，發言為詩」，詩，自然也成為人類共有心聲所發言的方式，可以說，詩質地是人性本質所共有的，詩性是人人都有的，只是量的多寡不同而已。但柏拉圖認為詩人和畫家一樣，「他只是影像的製造者，遠遠背離了真理」。詩人僅是模仿者，複製道德的影像，所以柏氏拒絕詩進入一個秩序井然的國家，也就是他所謂的「理想國」。

　　亞里斯多德對他的業師卻有不同的看法，亞氏說：「詩人與其採取一種令人難以相信之可能，毋寧採取一種可能之不可能」，故詩比歷史更哲學；又認為「詩不僅是模擬真實，更模擬理想」，所以詩比歷史更莊重。亞氏在《詩學》第九章說：「如果一個詩人要自真實的歷史中取材，仍無礙他成為一個真正的詩人，因為歷史上發生之事件亦可以構成概然的和可能的美好的秩序；憑這一點，他便是一個詩人」。

　　什麼是歷史？歷史是現在的真實。但在台灣這個缺乏記憶的島嶼上，所記錄的歷史與真理有很大的距離，那麼詩就能比歷史更莊重嗎？

　　如果詩是現實事物的模擬或再現，它還有現實的形態現象的樣子，雖然還不是本質的呈現；但詩如果根本與現實毫無相干，只是耍弄文字的遊戲，詩真的會比歷史更莊重嗎？對於詩是自身即足的，是跳舞;不是有目的的走路，這一說法，詩還是有如跳舞之自娛與娛人之目的，有它以語言之美（姿態之美）令人感受。如今詩的問題不在詩要不要表達什麼意旨，而在於它根本是假借詩耍弄文字以自娛，舞給自己爽而已，詩已完全棄離接受。

　　俄國思想家別爾嘉耶夫（1874-1948）在《歷史的意義》（張雅年譯）裡說：「歷史的東西是一種發現，發現世界現實的最深層本質，發現世界命運和作為世界命運中心點的人類的命運」。別氏所要說的是人的內在精神本質，而不是說明外在現象。而人類的命運，實則是生存的禍福問題，直接與地球上生命的源泉 —— 水、空氣、土地有直接的關係。

　　二十世紀六十年代以降，隨著工商業的發展，科技的進步和物慾橫流，而對大自然的毀滅性的開發，人類足跡所到之處，柔腸寸斷，滿目瘡痍。人類生存環境的污染和破壞又導致人類靈魂的污染。因而人類將因摧毀大地的母親而走向死亡深淵，不只是現象而是本質的迫切問題 —— 人類觀念的思想。

　　保護自然環境和生態平衡，已是全球共同意識。台灣是一個島國，面對地震、颱風自然災害頻繁外，森林、山坡、

海岸的過度摧毀，已造成地層陷落，海水倒灌、水災、土石流、洪水氾濫等大自然反撲現象。這些現象看似天然災害，實則多數出於人為，是對待生存環境正義之消失所造成。

詩已遠離了現實；所謂人道主義精神觀念已落伍？

土地、生存環境保護的問題，是現實。這種現實題材有著鮮明的主題，在流行詩態的迷茫舞藝領域中被降格失去詩之美境，現實性拉住詩之美幻的流向，形成沼澤地帶，無法激盪主流的澎湃？

一些「缺乏」覺悟的詩人，仍堅持在現實詩的泥澤裡進程著流刑的修行。這種被譏諷的現象，全呈現在所謂主流媒體的刊物上，現實性詩作品登錄一再被封殺。

但仍有不少詩人，堅持現實才是詩的母親，就像認定土地是母愛的源泉一樣。

現在是笠詩社同仁的趙迺定，將出版的《森林、節能減碳與土地倫理》詩集，此詩集分八輯共收錄 96 首詩，是近六年來發表過的作品。在這本詩集裡無雪月風花的情景；無內心虛晃的獨白；無意識流囈語；更無夢話的自動語言書寫。在八輯作品中，依主題大略可分成四項：對土地自然環境的關愛；社會政治現象的批評諷刺、職場與女人的觀照、懷念母親的親情與其他感受。這些內容均取材於現實現況，所以寫實的現實性自然浮現詩的意義，主題明晰而不含糊。

第一輯（森林、節能減碳與土地倫理）有 22 首，如果包括第二輯（宜蘭休閒農業之行）9 首則共有 31 首，佔全詩集 96 首的三分之一，都是關懷土地、森林與環保等生存環境的作品，可說是本詩集重點之所在，也成為本詩集書名的由來。

這一輯裡有世界十大名木之一的台灣欒樹之禮讚，它「既耐旱耐瘠又韌性強一如台灣人的生命力」；有對蓊鬱山林「濫墾濫伐森林失去家園」而「忍氣吞聲默默流淚」和「沒有公理正義」的抗訴；對天然景物的「愛要永遠的呵護」並「敬畏大自然」，否則

> 濫墾濫伐炸山爆岩截堵河川
> 開腸剖肚人定勝天
> 把山河凌虐致死的那一天開始
> 受不了的惡水無情山崩地裂不長眼睛
> 注定大自然反撲 ——〈敬畏大自然〉詩句

對土地要有倫理觀念，把土地看做自身的一部分與生命息息相連。

> 即使被風壓著打
> 被雨開過槍
> 只要我的生命猶在
> 自有我的一片
> 天地 ——〈一朵小小紫色花〉詩句

即使一朵小小紫色花只在圍籬下，佔一丁點兒土地仍有生存的權利，開出屬於自己的花朵，也為這世界添增一份色彩，這就是土地倫理。

但全台灣有 4.6 萬公頃的土地，亦即大約 1770 座大安森

林公園的耕地從地球上消失，變成工廠、建地或其它用途。
近世紀以來，人倫已漸淪喪，對土地環境會以倫理相待嗎？

> 過度砍伐樹木改變地質地形
> 造成氣候大變遷
> 土石流橫行
> 流走萬物生命及財產
> 破壞生態環境危害土地命脈
>
> ──〈森林經營與節能減碳〉詩句

聯合國「跨政府氣候變遷小組」主席帕僑里呼籲世人，
以「不吃肉，騎腳踏車，簡約消費」等方式減少溫室效應。
該小組曾經過六年研究，證實促成全球暖化的諸多因素，有
百分之九十是人為造成的。極端氣候將使暴雨和乾旱的災情
更為嚴重，全球將有三十億人口會面臨缺水危機，缺糧的問
題也隨之而至。

1979年11月第廿屆聯合國糧農組織大會決議，確定1981
年10月16日是首屆世界糧食日，此後每年的這一天固定成
為「世界糧食日」。但根據世界銀行統計在2010-2011這兩
年間，世界因糧食價格的上揚，已導致七千萬人陷入極度貧
窮的狀態。

詩人的焦慮，不是沒有原因的！因此「節能減碳友善環
境」的呼籲，應該不只是弱勢群的詩人「狗吠火車」式的呼
喊而已。

> 而全球化的低耗能低排放加上低污染
> 人類才會在地球上多活一些日子
> 否則惟有早早與地球訣別
> 被除名滅種 ——（節能減碳友善環境）詩句

　　詩人藝術家如果拒絕現實問題的對焦，只圖繪天馬行空的美感，詩真能比歷史更為莊重嗎？難怪柏拉圖的「理想國」禁止詩人進入。

　　宜蘭曾經是台灣島東北部一塊淨土，在地方執政者有效的設計成為休閒農業典範地區。

> 風車的調色盤插在斑剝鐵馬上
> 車慢騎　盤慢轉　車騎快　盤呼呼轉
> 轉成白色　轉成你我的心
> 無瑕
> 愛宜蘭愛台灣 ——（腳踏車與風車的調色盤）

　　從繁華喧囂的台北，進入寧靜的蘭陽平原，的確令人有俗事全放下，心曠神怡的感覺：有風車的輪轉，有水聲潺潺的律韻和美麗的田野風光；可騎腳踏車兜風，可放風箏怡情閒趣。但各式各樣高級別墅簇簇建立之後，已風光不再，今年九月底一場大雨；蘭陽地區一夜之間成為水鄉澤國，災情慘重。誠如詩人「遊北關休閒農場有感」所言：

> 一個活生生的肉體

> 有喜怒哀樂要吃喝拉灑就是你
> 你卻不知周遭也有許多活生生肉體
> 和你共呼吸

那些和我們共同呼吸的「活生生的肉體」就是大自然的山林水澤和田野呀！

現實主義詩學的創作突顯出感性，自然與人性的原則，必然對社會政治現況的不公不義進行批判，用以暴露人性墮落或社會黑暗的一面。

趙迺定的詩，對社會政治的批評觸點很多，雖然批評言語直接，牢騷滿腹，但都有分寸，不犀利尖銳。試列舉數句說明：

> 戰後國民政府派陳儀一班人馬來台獨裁
> 就是台灣人不幸的開始
> 政府高級人事排斥台灣人
> 貪官污吏橫行
> 官員公然練就說謊
> 失業增物價漲台幣大貶
> 人心浮動沮喪治安敗壞　　　——（五個世代三個世界）

這是「巫文福前輩逝世紀念文」所陳述的對當年國民政府撤退台灣時，政治社會現象的直接無遮攔式的批評。

> 免用到律法毋得法理情

　　阮是律法一切
　　烏　ma　ma 的天頂，烏汁汁的土腳
　　阮的是是是，阮的非就非　　　　　　　　　——（是非）

　　趙氏也寫不少台語詩，有的華、台語文並列，這首詩就是雙語文並陳。指對台灣司法不公明，一片烏黑現象的指控。言語點到為止，未做深刻批判。

　　在（職場生涯）輯中，仍繼續前輯（先人有夢）有著諸多的不滿懊惱和怨言，呈現職場職業性的焦慮。寫（大頭針）

　　軋手
　　就軋你長官富貴手流血
　　讓你長官永遠記得你
　　升官沒你份
　　考績也對不起　　　　　　　　　　　——（大頭針）詩句

　　這種假想刺出血，可消一點氣也不錯；當（哈巴狗）「一切聽長官隨堂測」可能悶在心裡，不好消受。

　　（女人世界）輯裡；詩有八首，無論語言或表達方式，都較婉約而含蓄，有隱喻而不直率切入。

　　寫（煙囪）是「做愛做的／祇是你那個」的男性器的隱喻；寫（思念）有性愛的渴望：

　　心靈的繩索牽憶著的
　　更緊緊的擁抱

渴望
黑色林蔭下的小徑　　　　　　　　　　　　——（思念）

「黑色林蔭下的小徑」是什麼的隱喻，不言而喻，可不
必點明。

左手右手天長地久
失意得意
牽手糟糠妻　　　　　　　　　　　　　　——（牽手）

人間多少纏綿悱惻，浪漫情懷，到頭來終是一場空夢，
而糟糠妻如果是天長地久的「牽手」不也是幸福的結局嗎？
在（懷念母親）輯裡，只有二首詩，寫母親的艱苦生活
和節儉、樸素。（其他）輯裡，主題內容較不集中，有寫萬
里長城、股票投資、個人的孤獨、退休註釋、人間鴉片等，
其中（尋）一首，較耐人尋味。全詩如下：

我有一個內在的這我
是我
還有一個外在的那我
也是我

有時這我是我
有時那我是我
有時這我那我相合

　　　　有時這我那我不相合

　　　　一輩子我找我

　　　　找那失落的我　　　　　　　　　　　　　——（尋）

　　詩人在「這我」「那我」尋找我，而那這之我，總在失落中。

　　（德）海德格爾在《尼采》一書中第二章第 13 節「對存在者的"人化"的嫌疑」裡，說：「除了人本身之外，誰還能提出並且解答『人是誰？』這個問題呢？」，所以詩人在尋找那個失落的我，是誰？也只有自己才能找到答案，也有可能永無答案！因為人生是永遠追尋不完的歷程。

　　當人生是永遠不斷的追尋歷程中，現實也隨時空轉換浮生的現象，什麼是真理永恆的存在？

　　也許詩之美，即是詩自身之所在，而當我們沉醉於詩之美的瞬間，也許我們另外感觸到：詩的現實的美化，掩蓋了現實的叫痛。

　　在此詩集裡，作者對現實社會與政治現象，以及環保的關懷，均採取直賦陳述與直接語言的表現策略，用以劍及履及達到直接中的快感，避開了浪漫的象徵或寓言的歧路；語言的準確與意義陳述的統一，或將成為詩聯想的障礙，所以部分語言的切斷與躍越，成為補救的功能，也為作者在詩的表現語言上留下了特色。

　　現實主義藝術典型以暴露社會黑暗為主要特徵。詩中本意之外的隱意另有所指，都指向當權執政的失誤或無能；那些社會所缺失的正義，包括自然的環境，也許可推諉不是當

權者所能解決的，而是社會群體的共業。

　　詩，成為指控的辯論議題，也許是永無答案，因為詩的目的不在尋思現象的答案；詩人所能為力的，充其量或引導我們回到經驗的現場，而他以一種新的態度 —— 語言的輸送再現。

　　當現實經驗再現成為詩現象的語言符號時，如果不能直觀現象的本質，詩將如何比歷史更莊重，更有哲學的意義？所以詩不僅是模擬的再現，更是理想的模擬，這一進程是詩人尋思的跨越。

　　　　　　　　2011 年 10 月 10 日完稿於草屯

關照環境與生命的聲音

林　鷺

　　詩的聲音除了來自詩人切身的生活，詩也聆聽大地蒼生的訊息。近幾年來，創作力旺盛的詩人趙迺定，寄來他發自對於環境與生命關照的詩篇，擬彙集以為誌，並邀我為之撰寫序文。

　　仔細拜讀之下，我發現雖然他對於近百首作品，做了一共八輯的分類，但是就內容的重量而言，則給人對於大環境的關注，超過抒發生活小我的印象。這可能是因為邇來生態環境與土地倫理的議題，在天災人禍的催逼之下，儼然已經成為本世紀急迫需要探討的切身問題。因為颶風、地震、走山、滅村、海嘯、核災、森林大火，與物種滅絕等的慘劇，每隔一段時間，就透過無遠弗屆的科技傳播工具，活生生地出現在我們眼前，而脆弱如危卵的生命，在面對排山倒海而來的自然反撲，顯然一點招架的能力都沒有。這就是為什麼詩人把他對於環境與土地倫理的詩寫，擺在第一輯的原因所在吧？

　　他「砍山巔鏟山腰，蓋山莊俯瞰大地／招攬同好。說：好山好水好天地」的當頭棒喝，會不會讓你我都感到心虛？

而「蓋核電廠、工業園區；引進 Mall，來個 101／千萬噸水泥鋼板呼隆起，別說沒能耐，別說喘不過氣／我們是世界第一」的競賽心理，是不是也指出，人類這種豪情根本就是一種糟蹋大地的病態心理？

古人言：「天作孽猶可違，人作孽不可活。」八八水災固然是天災，卻因此讓我們回想起諸多至今猶難令人忘懷，叫人不勝唏噓的記憶。對於這場災難，生活在所謂「天人國」裡的趙迺定，對於好官我自為之的官場文化，與執政者的顢頇心態，看在眼裡，可是火力全開。他用文字參與了一場災難的共時性，其中有一段是這樣寫的：

> 說好為民服務的那些人
> 在眼瞎耳聾又啞嗓加腦殘之際
> 享受逢迎拍馬屁頤指氣使洋洋得意
> 當然看不到災區風雨聽不到想不到猜也別猜
> 黎民的無助哀號血淚痛失親人在旦夕
> 好官我自為之
> 自我評分很滿意
> 胡扯
>
> ——〈怎差這麼多〉

而他在〈來人是誰〉的詩裡，則有「不是近親不繁殖／免得講不同的話不懂我心意」之諷刺高官的評語。

此外，趙迺定在這一輯當中，對於植物與動物有經過深入觀察以後的詩寫。他提醒我們：台灣欒樹是一種具有「四

季分明」風情的樹種,「樹冠傘形遮蔭庇護大地/既耐旱耐
瘠又韌性強一如台灣人的生命力」。恰巧,時序也已經來到
欒花祭開鑼的季節,閱讀他〈台灣欒樹之禮讚〉的詩作,對
於欒樹的生態,因此有了分明且生動的感受;而有關動物的
詩寫,趙迺定對於台灣原生鳥種的藍腹鷴的習性,同樣作了
功課,他警告日益惡化的環境,將使得我們失去這種優雅高
貴、害羞迷人的台灣珍禽,很可能逼使牠「一飛衝天再也不
回頭」。

　　人禍除了人類對於自然生態的不知節制以外,另一樁殃
民的人禍,則是來自權力中心的傲慢。當地球暖化,世界各
國都為日益艱難的農作物適足率感到不勝憂心的當下,我們
的執政者卻拿著公權力揮大刀,以致發生令人錯愕與心痛的
「苗栗大埔事件」,導致:

　　　　三千五百老農與民間人士和學生齊聚凱道
　　　　呼喊著「還我土地正義,停止土地徵收!」
　　　　他們真是沒事幹了
　　　　千里迢迢跑來凱道種稻
　　　　在那已非土地的道上
　　　　在那化工殘渣鋪砌的冰冷與無血性上
　　　　在那沒有軟綿土性沒有肥沃地力上
　　　　緣木求魚
　　　　種起良心稻

　　　　　　　　　　　　　　　　　──〈凱道種不了良心稻〉

　　曾幾何時，在這個小小的島嶼上，無言的土地，竟然已經淪落到必須為自己的天職去呼喊正義。趙迺定對於土地倫理的違逆，除了指責與諷刺，也提出許多〈節能減碳友善環境〉必作而可行的好方法，來作為積極補救的橋樑。

　　畢竟，我們共同的經驗還是：走入好山好水，的確叫人有好心情。詩人在第二輯有關宜蘭休閒農業之行的九首詩作裡，描述的正是一種悠閒自適的好心情，以及一幅與山水同樂的好景象。我們慶幸有心人長期在宜蘭耕耘的結果，使得「天龍國」的國民經過便捷的雪隧，很快就得以享受一個物種復育成功，與自然和諧共存的美麗「後花園」，讓我們真正體會到親近屬於自己土地的感動。

　　從外表很難看出，已從職場退休，操著十足鄉土，又略帶喜感口音的趙迺定，竟然是個「舞林高手」，跳的還是年輕人喜歡的「街舞」。他享受舞者的曼妙舞姿，並且以詩賦舞，所以有「妳諧音合唱嘻哈曲／透過舞蹈詮釋／焚盡昨日感傷／道盡來日夢想／愛的就是當下」的融入；他用年輕的心去看待〈那群女孩〉，是「那群女孩／醉在歌聲醉入舞蹈／醉在銀鈴的笑醉在滿懷的開朗／自然詮釋真情流露／不愛天籟只愛歌舞人世間」，難怪他說「一顆愛跳舞的心／就是快樂泉源／愛跳舞呀愛跳舞」－〈跳舞快樂泉源〉。

　　在「先人有夢」輯裡，趙迺定寫〈在這不理智的世界〉因喝了咖啡睡不著，被蚊子騷擾，人蚊大鬥法，心有所感的無奈寫照，表現的則不但是一種另類型態的社會性批判，也流露出他個性幽默的一面。這一輯一共蒐錄十九首作品，呈現的是多樣性的題材，其中三首雖然是出自對於文壇先賢巫

永福先生的追思，詩的內容主要卻是以〈五個世代三個世界〉來追溯台灣日治以來的政治生態，並以巫永福先生對於母語的堅持，形塑已成「先人」的這位長者，一生所要揭示的夢想，與堅定無比的台灣精神。趙迺定的母語詩同時出現在這一輯裡，他並沒有使用太難掌握的文字，來作為表達的工具；仔細閱讀，也讀出母語自然具有的音律與節奏；至於所表現的風格，簡單套用現在年輕人的一句用語：很台唷！其實，我倒建議：何妨把所有的母語或雙語詩收入同一個輯裡，好方便讀者讀出更為具體的母語創作風貌？

　　我想多數人都會同意，職場是一個男人一生當中，最主要的戰場。然而，戰場的面貌與風險，也是人性敗惡的本質，最常顯現的地方。趙迺定退休以後，取他職場生涯及當代職場現象，以九首詩（其中有兩首採用雙語）來做為回顧，對於存在於職場的生態與生相，他有相當深刻的表露。例如：

哈巴狗

考你忠狗一切聽我

問你對錯長官絕不會錯

升官測驗

年資甭管能力欠看

忙死累死活該

就幾分哈巴狗

一切聽長官隨堂測

公文沒別好罰站

　　別字面壁思過
　　報告不敲門有罪受
　　痛罵斥責丟公文拍桌
　　就差三字經出口

　　小事著手罵你損你貶你
　　臉皮厚沒羞恥非人是狗
　　妓女養成所先姦再好說

　　等一切照我順我依我
　　擠絲笑臉
　　你不錯
　　考績有份升官非你莫屬

　　這首詩讀來是幽默，還是難過？或許也只有經歷過箇中滋味的職場戰士，自己才得細細感受了！

　　接下來的「女人輯」有八首詩，如果加上他「懷念母親輯（台灣語文詩）」兩首，總計十首有關的作品，以我的觀點，可以說是趙迺定在技巧上最貼近所謂「意味」的詩寫。其中〈煙囪〉〈根源〉〈老大〉和〈蟬翼〉四首，特別具有詩的歧義性，不宜用純粹女性議題的眼光來看待。我認為前兩首基本上，還是屬於土地倫理的詩寫，後兩首則是趙迺定政治議題寫作的另一種模式。這種暗藏轉折的寫作技巧，讀起來更有詩的味道。他真正女性議題的代表作應該是以下這首：

牽　手

戀愛媒妁

一顰一瞥有風味

左手右手牽手溫馨魅力那時節

愛是絢爛不敵柴米油鹽醬醋茶

一朝一夕歲月推移

稜角皺折深埋偷不得閒情野鶴

沾染風霜陽塵彈不盡

失意苦悶愁悵磨人

白髮長糟糠妻粥無味

天底下再無新鮮事

野花香甜軟綿酒半酣

纏綿深情婀娜多姿熱情奔放

青春朝氣肌膚潤腋酒不醉人醉

不用陽光已見淒迷

握小姐手小鹿亂竄少年十八九

小姐手貴情人手累

鶯鶯燕燕青春回不了家

青春的尾巴霓虹的餘暉

千金萬金喚不回凋萎青春

左手右手天長地久

失意得意

牽手糟糠妻

　　對於男人喜新厭舊、易忘情的習性，是一種提醒，也是一種忠告;對於一生任勞任怨，把青春消磨在在婚姻生活中的女性，既是一種內在心理的發抒，也是一種不著痕跡的慰藉。詩中那「握小姐手小鹿亂竄少年十八九／小姐手貴情人手累／鶯鶯燕燕青春回不了家」的經典之句，最具規勸意味。至於詩人對於自己母親崇敬的懷思，以〈阿母有二口灶〉的母語詩來描述一位母親身處的艱困時代，和她辛勤忍耐持家的平實與偉大，其實也等同為傳統女性的人格特質，提供一個鮮活而值得記憶的人物素描。趙迺定還有一首入選 2011 年度詩選的母語詩:

阿母有一領新衫

阿母有一領新衫
新衫是過年穿世

阿母講過過年去拜拜都愛穿新衫
伊講神明愛看穿新衫的人
毋愛看落魄的人
穿卡 sui 哩卡有精神
卡袂讓神明看輕讓別人看無重
穿新衫的人嘛卡有保庇

阿母每遍穿那領新衫
我就嗅到臭丸味
臭丸是樟腦丸

新衫而且有折痕
放在拖浪庫下跂整年冬
當然有折痕

阿母過年去拜拜
總是會插一蕊紅花
紅花是紅紙折的
細細的小小的一蕊
阿母講插一蕊紅花帶一點丫喜氣
過年過節歡歡喜喜

阿母講那領是新衫
但是每冬正月正時
我攏看到伊穿一遍
那領新衫毋知穿過幾年冬

　　則更生動地凸顯出上一個世代的女性面貌，讀來叫人不禁感嘆起世代的交替，流轉的速度真是無情呀！如今年輕的一代，如何能夠體會那個世代的女性，所經歷過的辛酸與所堅持的美德呢？因此，站在這個角度看，人物的描繪，彷彿也是一種歷史背景的再現。

　　最後的「其他輯」總共也有 22 首之多，議題涵蓋的範圍更為廣泛，有〈有空來看我〉的隔代教養問題，有土地沙漠化議題的〈萬里長城〉，有有關資本主義社會金錢遊戲的〈比傻理論（Great-Fool Theory）之詮釋〉，與指向生命與詩，

在時間的摧枯腐朽之下，必然走向灰滅的終極之途的〈孤獨〉
和諸如：

天空自由

把瑟縮的鳥暖在掌中
任風雨呼嘯而過主人私自陶醉
愛屋及鳥

不自由的鳥想飛向天空自由
爭自由的鳥仰頭連連撲打不自由的翅膀
主人却說暴風雨越大越要保護管束
不容異心不聽話粗動反動暴動
媽媽說外面暴風雨太危險
沒死的自由

風雨反動暴動嚴加盤查
喜孜孜掌握了沒靈魂的鳥體
鳥翼却已
鵬程萬里
飛去

　　這種對於兩種不對等的角色與權力關係的詩寫。此詩如
果將之置放於主僕、親子、或強權與弱勢的相對關係當中，
的確具有深切探討與深刻反省的價值。
　　除此，趙迺定在這一輯裡的諸多短詩，我認為反而讓人

感覺比較貼近他身為一個詩人，對於詩體的詮釋。例如：「酣睡的季節／被誰推了一把的／在閣樓裡哈欠連連上上下下伸懶腰／終於睡夠了／／在三月天裡／抖落了一季塵埃的天地／還是叫春」〈三月春〉和「生悶氣躲被窩／天陰暗／憋一肚子氣的／有風也不涼快／／誰生誰悶氣／找個人幹架一場／昏天暗地／傾盆大雨前戲」〈陰天〉等。以上對於趙迺定的寫作風格，可以簡要歸納出以下四個特點：

一、語言十分樸素而明朗。

二、內容批判多於抒情。

三、意旨關懷土地倫理，重視生命義理。

四、為生活與生命的永續經營，提供具體而可供實現的願景。

我曾經拜讀他出版於 1975 年，由笠詩刊社出版的詩集《異種的企求》，發現早從 1961 年就開始寫詩，也寫散文和小說的趙迺定，年輕時詩的語言表達方式比較浪漫，經過歲月的洗煉之後，生命多了一份自然的灑脫，寫作的議題也形成外在場域的大幅擴張，顯露出寫作的軌跡就是生命的過程與時光推移的紀錄，而在他自我成熟的限縮之下，我們讀到的是一種關照環境與生命的聲音。

2011 年 9 月 30 日

趙迺定早期與近期詩的比較

陳 明 克

　　與迺定兄什麼時候認識？這個問題在我寫這篇序時，一直縈繞心頭；應該不出十年，卻想不出確切的時地。看了他早期詩集（《異種的企求》），原來他早年熱衷登山。我才放下，因為山一直在那裡，不因人什麼時候登山而改變。

　　這本詩集是迺定兄近五、六年的詩作，歲月在詩人身上刻下什麼痕跡？首先，《異種的企求》中有情詩輯和潔航輯，是戀愛與新婚期間的詩作。如〈認識・少女〉，「不是認識不是不認識／偶然妳走我前／我走妳後」，是戀情含苞時，視線的捉迷藏；如〈伊是無體動物〉，「伊是無體動物，讓君怨／伊是無體動物，請君憐」，是熱戀中，女子忽冷忽熱令男子捉摸不定。本詩集則有女人世界輯，但與情詩輯和潔航輯截然不同，也許這就是歲月的痕跡。不再是熱戀中的人，而是冷靜的過來人。如〈根源〉，「輪流展示／代代傳延／胴體／遐思／生死」，領悟了情愛；如〈少女〉，看出少女的虛偽。而〈思念〉，「喜歡你無疵的蔚藍／在你的朱唇尋尋覓覓的／傾聽／就傾聽到你的心跳／／心靈的繩索牽憶著的／更緊緊的擁抱」，著重內心的聆聽，與情詩輯的〈為妳

思念〉因距離而悲傷已然不同。

森林、節能減碳與土地倫理輯與宜蘭休閒農業之行輯，是本詩集關於大自然的詩作。其中有令人矚目的控訴，政客、財團對山川土地的糟蹋、掠奪，如〈自然生態工法之詮釋〉，「築夢白花花龍銀，笑的多甜美／…／蓋核電廠、工業園區；引進 Mall，來個 101／千萬噸水泥鋼板呼隆起，別說沒能耐，別說喘不過氣／我們是世界第一」，也如〈八八洪災有感五首〉控訴貪婪的政客、財團遺禍弱勢的平民。再如〈凱道種不了良心稻等三首〉，控訴政客與財團勾結，圈地滅農。如〈凱道種不了良心稻－記大埔老農「凱道·凱稻」抗爭〉，「老農真是沒事幹了／強盜不搶他們土地／未來仍有口飯吃／政府却專搶祖田與家園／餘生儘管去喝西北風」。這些詩幾乎是吶喊的口吻，可見詩人有多麼悲痛。《異種的企求》中的關於大自然的詩作，則無此現象。如〈山與我〉，「見你于蒼勁淒草；見你于粗獷巖石／…／見你于初春新綠；見你于淙淙潤水／…／我想以朗笑伴隨你／我想以跫音憾覺你」，為山所吸引，想與山有所交感。又如〈憶黃欒皮寮露營〉，「半隱在晨霧中／見這橋頭，不見那頭／見那橋頭，不見這頭」、「 —— 天地惟你我，你我合天地 —— 」，見大自然是美的神祕的，而融入其中。在《異種的企求》山與我輯中，〈異種的企求 —— 蘭嶼記遊〉是個異數，「一個赤裸的人是一個灰枯，亮著大眼睛／亮著一份份的懶散，亮著一種迷惑／一種是對生的迷惑，一種是對工作的迷惑」、「而我也再納不下枯灰的擴散／只惦念那個帆，只惦念那個回航的帆」，早期看見弱勢的族群幾乎是驚嚇地逃回他熟悉、以

為有希望的城市。與近期詩相比，愛大自然之情不變，控訴
貪婪的政客、財團則是詩人歷練所得。這不正是人的悲傷，
〈異種的企求 ── 蘭嶼記遊〉中看到的那些迷惑的人，不正
是自己？

　　人與大自然的關係，不再是哲學問題，別人掠奪大自然
必將掠奪我們 ── 大自然的一部分。大自然與現代人的關
聯，看似遙遠，其實近如一體。這就是問題的源頭吧！這本
詩集，能引起讀者思考這個越來越急迫的問題。迺定兄提出
什麼解決方法？詩人的解答長什麼樣？我以宜蘭休閒農業之
行輯中的〈窗〉為這篇序作結，而這是我給讀者的指標 ── 踏
進迺定兄這座山的指標。「漆黑中的鰻魚漆黑中忘了睡眼的
漁人／就這樣玩著下網起網落網／…／生是一種苦楚一種未
明也是一個期待／下網落網破網禪定世世代代」。

2011 年 4 月 9 日

以「土地倫理」爲詩業

劉　沛　慈

　　在生態環境的相關議題日益受到重視的當下，森林很重要，節能減碳也重要，土地更重要，但是，最重要的，還是「倫理」二字。倫理是哲學談論當中，攸關人類應該如何對待自我與對待他人的研究；狹義稱之，亦可謂道德層面的是非對錯。近年來，因為各種學科的快速發展，倫理學也開始論及人與其他生命綱目，甚至是人跟整體大自然之間，如何相處、如何自處等議題。基於此樣觀照，倘若人與人之間的倫理道德淪喪，那麼人類彼此間的應對模式以及互動關係必將無所適從；再者，人跟自然環境或和土地之間的倫理如果消失，相對地，土地上的物種也可能無法順當妥切的存在。

　　詩人趙廼定出生於台灣嘉義，恰為同鄉的我，拜讀其《森林、節能減碳與土地倫理》之系列詩作，得以體認這般對熟悉鄉土與成長環境的親近、熱愛及感受。然而趙廼定的此等詩作內容，對土地跟自然環境並非純粹的感性，字裡行間同時發散著人類理性批判的思維。其詩所表現的真性情，沒有華麗的詞藻裝飾，也沒有隱藏於文字背後的弦外之音，率性、質樸、自然發揮，投注在讀者眼中的語氣，誠如散文般的淺

顯易懂。

　　詩篇當中，趙迺定經常使用一般人為詩時少有的表現手法，亦即近似「說明文」體例之格局與「數量詞」遣字敘述的特有面貌。「含蓄」乃詩人們為了使作品蘊涵詩意的一抹自我約束，然而趙迺定這般有別他者的處詩方式之靈動，或許欲傳達給讀者的是：在這片土地上，有許多看似平凡的事物，誠然得之不易，並且，能以世界上的珍品當之。他試圖指出，台灣有著看起來再平常不過的大自然蘊成，對於人類世界而言，著實是彌足珍貴的。茲以一詩為例。

台灣欒樹之禮讚

天然林在台灣地體史形成的過程
歷經四次冰河期、間冰期
自東喜馬拉雅山系的
裸子植物、高山植物等最古老物種的子嗣引渡來台

台灣自然史長達二五○萬年之久
在悠遠漫長的歲月裡
在環境天擇演化之下發展出最適合台灣土地環境的生命之一
台灣欒樹原生樹種世界十大名木之一

在低海拔開闊地及河谷兩岸
仰望台灣欒樹四季分明樣貌多
春來舞新芽翠綠
夏是濃綠模樣

　　和著蟬喧鳥叫是清涼

　　秋則滿樹頂小黃花朵淡雅飄逸

　　而後轉為燈籠般粉紅的蒴果

　　猶如火燄般璀璨

　　賣力的演出了一長季

　　在冷冽冬的到來台灣欒樹累了

　　獨留褐色蒴果在樹頂而葉子轉黃掉落

　　而光禿樣貌在寒風蕭瑟中

　　俯拾幾粒木欒子串成念珠

　　休養生息待來春

　　台灣欒樹落葉性大喬木

　　樹冠傘形遮蔭庇護大地

　　既耐旱耐瘠又韌性強一如台灣人的生命力

　　台灣欒樹綠色隧道

　　行道樹功效最高花期特長好觀賞

　　都市心肺綠美化的好植栽

　　　　（刊於高雄市綠色協會《為欒樹寫一首詩》，2008.12）

　　詩中敘寫了台灣欒樹一年四季變裝的美貌，春天新芽翠綠滿樹，象徵一年新的開始；進入盛夏時，葉色轉為濃綠；當秋季來臨，黃色小花燦爛輝煌佈滿樹冠，隨即結成燈籠般粉紅的蒴果；入冬時嫩紅的蒴果轉為暗紅色，時序進入隆冬，蒴果乾枯轉為褐色，樹葉也轉黃而離枝。欒樹的生長就像舞台上的模特兒，忙著換裝，呈現出豐富又多樣的色彩。雖然

冬天的台灣欒樹光禿禿的模樣，一幅曲終人散的景象，不過等待來春，又將是一個全新的開始。誠然，耳聞名為原生樹種世界十大名木之一者，普羅大眾通常必將視為非常珍貴而稀有的樹種，不！其實它就佇立在我們週遭的公園裡或道路上，是台灣最為唾手可得的樹種，如同充滿生命力的台灣人一般，雖然普通又平凡，卻是這個世界上重要的物種之一。

同類型的詩還有〈提燈熱烈演出〉、〈愛我請別逼我──為藍腹鷴代言〉、〈台灣金線蓮〉、〈遊北關休閒農場有感〉、〈我說我不要〉等等，這些詩篇寫的都是台灣的物種，有些更是台灣原生特有的物種，同樣充滿了說明文形式與數量詞的語彙表現，使我們讀詩的同時，也能接收到許多台灣自然環境的資訊。

在〈土地倫理詩三首〉裡面，如同前面提及的，「倫理」除了用在人與人之間，也可以觀照至人跟自然萬物。趙迺定的詩作傳達了超越人與人之間的關係，對於大自然和土地的倫理，假若更換對立的角度來看，就會發現，其實對人類而言合情合理的邏輯，對土地或自然環境，不見得全然相對合理。這層倫理有賴人類自我的覺察，詩篇本身致力為無從發聲的對象代言，但也必得處於對立端這邊的人類能聽得進去或是能感受得到，土地倫理的效用才會真正的發揮。

有別於土地倫理詩篇創作上的理性陳述，趙迺定對政治、官場文化等議題之醜陋面形象的描寫，字裡行間充滿了諷刺與不齒，如〈先人有夢輯〉裡的詮釋，幾乎都是此番風格。也許是旺盛的正義感使然，用詞辛辣而猛烈，將滿腹無法苟同的怨懟，率直地在詩作中大膽宣洩。

　　回到趙迺定詩作的核心觀點上，他強烈指責人本主義對於自然環境而言是難堪的惡果，以人為出發點的理念，衍生出來的自由主義和個人主義，對於倡導人類與自然共生共存的土地倫理、生物倫理、環境倫理，都是具有破壞性的。詩人，詩人，寫詩的人，經常以作者抒懷的動機創作詩句，既然以人為出發點，就不免會受限於人本主義的框架。其實，以人為立足點，仍然可以有土地倫理的思維囊括其中，中國古代的老莊思想：「天人合一、敬天畏地、崇尚大自然」，即是趙迺定所崇尚尊奉的。他認為，人只是宇宙之中不斷變遷者的其中之一，人類追求文明的生活並非生存的終極目標，天地萬物一切平等，才是人類應該致力追求的生命價值。尼采曾說：「人類是地球的癌症」，當地球的美好被如同癌細胞增生的人類不斷吞噬，甚至破壞殆盡的時候，人類還能自稱為「萬物之靈」嗎？

　　趙迺定說：「詩人基於愛鄉、愛土、愛人類、愛地球的情懷，以及走在時代的尖端，引領國家社會向上，理應對新倫理的『土地倫理』多所闡述；而此等議題更是可長可久之詩業。」[1]對於新時代倫理觀的著墨，詩壇中鮮見如此匠心獨運者之規模。趙迺定捨我其誰的志業與堅持，肇始土地倫理觀的炫彩奪目，企盼在他的拋磚、引領下，開拓出另一片詩園的芬芳。

---

1 趙迺定〈笠與土地倫理〉，刊載於《笠》詩刊第 280 期，206 頁。

森林、節能減碳與土地倫理輯

◎自然生態工法之詮釋

築夢白花花龍銀，笑的多甜美

砍深山野樹野草。說：一文不值，去你的

整一墾田，種香茅油桐油檳榔、蔬菜蘋果梨

砍山巔鏟山腰，蓋山莊俯瞰大地

招攬同好。說：好山好水好天地

炸山爆岩鑿渠，不痛的大地；柏油築路上山下海，大地
沒呼吸

攔沙壩擋土牆，乾溝野溪水泥化

架管線送水電造家設廠；獨不見魚蝦流淚哭泣

開疆闢土與河川爭地，水泥堤把水窒息在小河裡。夠
了，這就是河域

難道還想探頭伸腰，踢腿劈掌

河岸筆直平坦沒缺陷

蓋核電廠、工業園區；引進 Mall，來個 101

千萬噸水泥鋼板呼隆起，別說沒能耐，別說喘不過氣

我們是世界第一

不該來的來啦，要來的來啦，地底轟隆，瞬起萬丈光芒

大地探頭伸腰，只不過要把疲累拂去
卻是天崩地裂鬼哭神號；巨石轟然而降
如蟒土石流東奔西跑
裂山川；踐部落；滅鄉鎮；破屋殘窗失怙活埋
天地巨變生靈塗炭
921 大自然反撲，溫馴大地冷血殺手
無法抹滅心中痛，懺悔的心
終要放下強取豪奪，學敬山愛林：
砍山砍樹砍河砍岩是不該，不顧生態划不來
看山稜走向植樹造林；造蛇籠補裂縫
以最少人為，最小騷擾，最低衝擊愛撫大地
人為施作輕柔小
讓山泉多瞧瞧這山地；讓暴風雨不再塌樓裂橋
循地勢石材擋土碎石舖路
木材建物竹材籬
山林呼吸，大地換氣
植原生植物，生態自然景觀
拓寬大河小溪，砌石為岸築魚蝦樂園
把愛玉子植被砌石上，營造萬物友善環境
讓爬藤蔓延覆蓋，造蛙龜蛇棲域
電廠工業園區；巨蛋 101
花草森林泥巴地；生態自然景觀環保經濟發展
萬物和諧生生不息

（2004.10.11／刊 2008.02 笠詩刊第 263 期）

◎台灣欒樹之禮讚

天然林在台灣地體史形成的過程

歷經四次冰河期、間冰期

自東喜馬拉雅山系的

裸子植物、高山植物等最古老物種的子嗣引渡來台

台灣自然史長達二五〇萬年之久

在悠遠漫長的歲月裡

在環境天擇演化之下發展出最適合台灣土地環境的生命之一

台灣欒樹原生樹種世界十大名木之一

在低海拔開闊地及河谷兩岸

仰望台灣欒樹四季分明樣貌多

春來舞新芽翠綠

夏是濃綠模樣

和著蟬喧鳥叫是清涼

秋則滿樹頂小黃花朵淡雅飄逸

而後轉為燈籠般粉紅的蒴果

猶如火燄般璀璨

賣力的演出了一長季

在冷冽冬的到來台灣欒樹累了

獨留褐色蒴果在樹頂而葉子轉黃掉落

而光禿樣貌在寒風蕭瑟中

俯拾幾粒木欒子串成念珠
休養生息待來春

台灣欒樹落葉性大喬木
樹冠傘形遮蔭庇護大地
既耐旱耐瘠又韌性強一如台灣人的生命力
台灣欒樹綠色隧道
行道樹功效最高花期特長好觀賞
都市心肺綠美化的好植栽

（刊高雄市綠色協會 2008.12《為欒樹寫一首詩》）

◎八八洪災有感五首

○山林蓊鬱

老祖宗留給我們山林蓊鬱

是國土保安大自然屏障

是阻擋沙塵風暴利器

而那個人卻貪婪成性濫墾濫伐

栽高山蔬果植檳榔作梯田

土地非永續利用

一副不知死活

沒有明天

濫墾濫伐森林失去家園

忍氣吞聲默默流淚

土地沒了樹蔭樹根的保護

而任日曬任雨淋

在豔陽高照下

暴露成

沙

大地沙漠化

大自然強力反撲

就是風災水災地震肆虐趕來報到

山崩土石流沙塵風暴

走山地層下陷海岸消退

　　生靈哀號生態系被凌虐

　　生物資源枯竭

　　木材消失海洋資源不見

　　老祖宗嘆息在地人嚙著血淚

　　無助的恐懼無辜的生命

　　而造孽者已撈飽賺足逃之夭夭

　　官員尸位素餐終日想著保官位

　　唯唯諾諾對焦上位唯一門票

　　蔑良心逢迎拍馬屁卑躬屈膝

　　上位的愛恨情愁是旨意

　　不待上令揣摩從行

　　那個人的世界沒有公理正義

　　那個人的世界沒有愛沒有關懷沒有同理心

　　沒心沒肝沒淚沒肺沒膽

　　那個人不是不會掉淚

　　等天譴日到來

（2009.08.20／刊 2009.10 笠詩刊第 273 期）

○怎差這麼多

　　他們穿著西裝革履

　　他們講著領導與統御

　　他們談笑風生威風八面光宗耀祖

　　大官我來當捨我其誰

高級人種
丟臉

他們穿著汗衫拖鞋
他們講著農忙人間事
他們平安簡樸過一生
他們喝著狂風暴雨土石流山崩海嘯
他們家毀人亡
無處訴
血淚

送你太師椅
託你大官位
聽不到民生疾苦
看不到黎民嗷嗷待救生死交關血淚無處訴
抓瞎瞎抓瞎瞎抓猛瞎抓
承平煉獄屠殺血淚含冤
人間不平
吐痰

說好為民服務的那些人
在眼瞎耳聾又啞嗓加腦殘之際
享受逢迎拍馬屁頤指氣使洋洋得意
當然看不到災區風雨聽不到想不到猜也別猜
黎民的無助哀號血淚痛失親人在旦夕

好官我自為之
自我評分很滿意
胡扯

為官當政視民如草芥
那些人三世當馬牛下地獄
也償還不了被屠殺的無辜黎民
人神共憤
報應

（2009.08.20／刊 2009.10 笠詩刊第 273 期）

○敬畏大自然

慢性殺人人神共憤
四面楚歌自我凌遲總有一天
濫墾濫伐炸山爆岩截堵河川
開腸剖肚人定勝天
把山河凌虐致死的那一天開始
受不了的惡水無情山崩地裂不長眼睛
注定大自然反撲

橋斷路毀土石淹村
大禍臨頭哀鴻遍野哀哀無告
腥風血雨民怨載道
麻木不仁遲鈍無能傲慢加冷血
自言人中龍人中鳳

誰人一沐三握髮一飯三吐哺

誰人三過家門而不入

先稱稱自己幾兩重

不道德沒品味

無聊無恥

老祖宗守則

尊天敬地敬畏大自然

留條生路

與大自然和諧共處

人類的長治久安永續發展

祂不是敵人

祂是人類衣食父母

祂是共存共榮的好夥伴

（2009.08.21／刊 2009.10 笠詩刊第 273 期）

○沒說沒做沒知

有說沒說

有做沒做

有知沒知

說謊辯解舌燦蓮花

唯我獨尊捨我其誰

眼瞎耳聾

栽贓調查中傷打擊告密

灌輸恐懼不得不聽話

小道消息滿天飛剷除異己
不過是卑鄙小人行徑

養著哈巴狗養著一群小鬼雞毛當令箭
近親繁殖專講同一種外國話
別人聽也聽不懂
注定一家子白痴
這不稀奇
有的是
很多機關就這樣

大官小官一字排開權位中間擺
不聽話非我族類該殺
有不同異見就大非
害的是黎民蒼生
忠貞守法的挫敗
近親繁殖小人當道

只要肝膽夠力夠強
撐過去
又是好官自為之
尸位素餐
道德潔癖
甭想

（2009.08.21／刊 2009.10 笠詩刊第 273 期）

○來人是誰

來人是誰立委介紹
來人是誰有敲門磚
來人可是皇親國戚
來人是誰黨部派來
輔導長下凡塵
建立網絡廣結善緣布建

你忙你累活該我沒看到
我怎麼會知道呢
我已故意遺忘你的存在
見不得你
還要查你為什麼那麼忙
是能力低還是別有所圖
吹冷氣賺加班費

不是近親不繁殖
免得講不同的話不懂我心意
我要選廠商那是我的遠親
我要打擊異己爭權奪利保官位
我要政策貪污圖利
我要說他好話說他不好的話
把是非擺一邊把利我擺中間

他們書讀的好深諳天文地理

就是看不懂中山先生的服務精神
花那麼多錢讀書下那麼大成本
總要撈回而且將本求利
也該是高級人

善良的災民
在沒有是非心憐憫心同理心的時候
不要心軟
心軟只是姑息養奸害己害人
至少詛咒出一口鳥氣
也別再歌功頌德
虛假

（2009.08.22／刊 2009.10 笠詩刊第 273 期）

◎愛要永遠呵護

不是莊嚴門面

不是嬉戲天地

不是學習殿堂

不是榕蔭蔽天

不是和風習習

却是最原始的記憶

人沒有來　它早在等待

人來到　它被摧殘丟棄毀滅

當一切瀕臨絕種命運才知道

最原始記憶　最深層良知

愛要永遠呵護

　～寫生態池

　　　　　　（2009.01.13╱刊98.06臺中教育大學附設實驗小學

　　　　　　《寶貝樹 ── 實小之美校園詩畫》）

◎提燈熱烈演出

數百年前美麗台灣螢火蟲天堂
處處螢燈美麗樹芒草上似明珠
漫天飛舞增益夜色淒美
而今跋山涉水深山野地方有芳蹤

螢火蟲生態指標
愛提燈籠以特定節拍閃爍
四處追尋最完美的愛情
在幽暗田野山澗森林裡
就看是水生型是半水生型還是陸生型而定
螢絢麗神秘又薄命
提燈飛舞猶如星星
滴落凡間又似明珠相連
全世界兩千多種美麗台灣五、六十樣

生息短暫猶似詩人騷客歲月苦短
秉燭夜遊淒美景色淒美年華
螢夜行性完全變態的昆蟲
或四個月或一年或半載就是一代
打從卵期幼蟲期蛹期一生學習散發光芒
直到成蟲名螢火蟲
而那四階段四個樣貌

螢舞上舞台熱烈獻舞
耍春情拼舞藝愛炫耀
長夜獻舞熱烈迴響風風光光
却是漫長幼蟲期滄桑淚眼孕育
就是不要舞季落寒冬
少了詩人騷客懷春少男女當觀眾

破蛹羽化成螢火蟲
不想要虧欠天地太多
也不管生命是三天或二十日夜
兩對翅膀領悟來日無多
靜化惟一正道茹素茹苦最佳選擇
就以露水花蜜維生洗滌心靈
提燈奮力發情的舞

舞出雷動歡呼不絕於耳
總有驚豔粉絲獻出最完美的愛情
愛的俘虜洞房花燭夜春宵值千金
繁衍後代才子佳人輩出
躍上巨星舞台
活生生之舞
匹配天地人間

後記：該詩承農委會林業試驗所吳俊賢博士之邀，於該所所辦「2009 年蓮華池螢火蟲季開鑼吟詩唸歌會」藝文活動中獻誦。其他參加朗誦者，尚有詩人李魁賢、黃騰輝、莫渝、陳坤崙、李昌憲、利玉芳、林鷺、吳俊賢等。

（刊 2009.06 笠詩刊第 271 期／刊台灣時報 2009.10.04／林業試驗所「2009 年蓮華池螢火蟲季開鑼吟詩唸歌會」吟詩之作）

◎愛我請別逼我

—— 為藍腹鷳代言

藍腹鷳雉科陸上鳥

雄鷳身長二尺高卅公分

烏黑身體如披黑絲絨華袍

華袍隨亮光各色光澤閃爍

整天紅臉頰紅長腳

一對四十公分白色尾羽更精采

地球珍品高度警覺性

陽光灑過樹葉隙縫

優閒的閃著藍、綠、紫、暗紅的羽衣

像光透過多色玻璃不斷的跳動折射

五光十色不停閃爍

輝映藍黑金屬光澤

天生麗質萬花筒光采奪目

母鷳體型嬌小

在暗褐羽毛中夾雜栗色 V 型斑點

自是千人愛萬人迷

你的驚豔追尋我的嬌羞

隱藏身軀不示廬山真面目

甭想覷覦我的美色

不管老小蓮步輕移優雅儀態

即使在枯枝落葉上也走不出發聲的跫痕

悄咪咪游過夢人不驚

有風度夠教養害羞本性台灣原生鳥種

就這樣最早揚名海內外

卻是苦難的開始

美麗的死亡人類是禍根

翱翔太累人了

不飛的鳥以危機四伏的陸上為家

一生以紅足貼近地表

就這樣走在世間行過一生

白天本是覓食好時光

卻是躲在二千五百公尺高原始闊葉林底層羞見人

只在黎明薄暮短暫時光

沿密林小徑或草叢

撥開落葉彎身尋覓嫩芽和昆蟲享用

紳士風度一舉手一投足自是風華絕代

却是害羞本性怯於見人

婚季雄鷴彼此較量姿色

共推最出色的盟主

這賭真是好大

賭掉了青梅竹馬三千佳麗

贏的全拿藍田播玉一親所有佳麗的芳澤

最優秀的一夫千妻後宮三萬無怨女

莫言重色輕友輕道義

這只是藉這最特別的禮繁衍最優秀下一代
來自最好的遺傳傳播最特殊的智能
優生學鼻祖物種生存的本能

特定地區原有特定平衡的生態系
人類經濟活動濫墾濫捕濫殺
並且引進其他物種攜來滅種瘟疫
擴大耕地過度開發森林
掩埋湖沼澤濕地
又大量使用化學藥劑廢水污染大地
故鄉滿目瘡痍已非我族棲息地
鳩佔鵲巢限縮安家立足之地
美麗的死亡人類是禍根

地球不光是人類的
萬有皆有生存權利
愛我請別逼我
陸上鳥一飛衝天再也不回頭

（刊 2009.10《台灣自然生態詩語動物篇》農委會林務局）

◎台灣金線蓮

台灣金線蓮
中低海拔山區陰濕處植物
卻是大名鼎鼎聲名遠播
採藥者首要目標
換來野外難再現蹤
被採光了

台灣金線蓮蘭科金線蓮屬
多年生草本植物
葉片互生狀呈心形
上有細緻白色網狀葉脈
葉被粉紅一眼識得

四季採收全草入藥
具清熱涼血、除濕解毒作用
可治肺熱咳、肺結核吐血、尿血、高血壓
跌打損傷、毒蛇咬傷
台灣金線蓮
中藥之寶

（刊 2009.12 笠詩刊第 274 期）

◎土地倫理詩三首
○這真是哪門子的帳 ── 為榕樹代言

　　託付你攜帶我的子孫

　　遠播繁衍庇護大地

　　真是春秋大夢一個

　　我又不是沒給你酬勞

　　還供你飽餐一頓

　　如果我有腳

　　也不需所託非人

　　給你裹腹給你溫飽還囑咐再三

　　你却拉屎

　　拉在別人家屋頂和牆頭上

　　而這原就不該是我的原罪

　　要不怕千年風雨飄搖

　　委實需要很大勇氣

　　把根鬚潛入地底

　　穩穩抓住大地

　　穿透屋頂穿透牆頭

　　無非要立足台灣這塊土地

　　綠意盎然繁衍千萬世代

　　你却劃林除草築路蓋屋遮風避雨

　　還說你先佔的民法規定歸你

還說我破壞你的屋宇你的牆角
還說我這棵榕樹屬陰不吉祥
然後就聚眾追殺

這真是哪門子的帳
幾千萬年來
我就生在這長在這長久定居
而那時還沒看到
任何一個
你的
屁

（已先刊於 2010.06 林業研究專刊第 95 期）

○一朵小小紫色花

既使在牆角既使在圍籬下
猶自綻放小小幾朵碧綠的葉
沒有小指頭大的葉
而後奮力長出生命奇蹟
而後開出一朵小小的紫色花
而紫色花更只是一丁點兒的大

你們說紫色善忌
那卻非我本意
天締造我紫色花這個樣
　　（紫色花是你說的）

我就是這模樣
何來善忌不善忌

我只想好好度過締造我的神蹟
這輩子不管是三千年
還是十天半月
或者三個時辰
倏忽的命
依舊是造物者的恩賜
該自戀的

即使被風壓著打
被雨開過槍
只要我的生命猶在
自有我的一片
天地

我是不知名的花
你是不知名的人
你過你的日子我過我的時辰
同是造物者創造的神蹟
毋須相互評鑑
美麗不美麗

（已先刊於 2010.06 林業研究專刊第 95 期）

○誦螢

　　　蓊鬱山林春意濃
　　　濕地草叢雙宿雙飛賽神仙
　　　深宮權貴靠邊去
　　　沒人愛搭理

　　　黑夜來臨夜幕低垂
　　　巫山雲雨螢飛盈滿天
　　　你的我我的你
　　　相互追逐一起攜手
　　　你儂我儂

　　　遍山遍野恣情恣意
　　　載歌飆舞激情又起
　　　恣縱情慾生死戀
　　　長久等待短暫相逢
　　　殞滅之時最後的輓歌
　　　春宵一刻值千金
　　　死生一線
　　　你的天我的地
　　　大自然的一偶
　　　對著我們有著三日的大限期

　　　你儂我儂今生完美句點
　　　陰陽共媾初始再起

來生最完美的一代
物種的優生
大自然豐厚的風景線
生態的指標
人類生存場域的好鄰居

你的誦螢禮讚干我什麼屁事
你這不速之客
我的生我的美醜自有我存在的價值
那是造物者的恩賜
一如造物者造了你
讓你闖進我的婚禮盛宴
讓你打擾讚嘆再三輕呼連連
無非是要你感悟天地之大
生命之奧祕奇蹟
而善待這片土地
而善待萬有
而這片天地的樂土
就是你我安樂和諧的共同家園

（已先刊於 2010.06 林業研究專刊第 95 期）

◎凱道種不了良心稻等三首

○凱道種不了良心稻 ── 記大埔老農「凱道・凱稻」抗爭

開挖怪手駛入摧房毀屋剷除祖田
並將老農驅離家園
青天霹靂政府強制徵收
沒有對台灣土地應有的尊重
這下子老農亂了方寸
不知未來該如何是好

老農真是沒事幹了
北上淚灑行政院立法院總統府
老淚縱橫不斷訴說
不棄離祖田家園的心願
並譴責政府「比強盜不如」
可又有誰聽得懂

老農真是沒事幹了
強盜不搶他們土地
未來仍有口飯吃
政府却專搶祖田與家園
餘生儘管去喝西北風

三千五百老農與民間人士和學生齊聚凱道
呼喊著「還我土地正義，停止土地徵收！」

他們真是沒事幹了
千里迢迢跑來凱道種稻
在那已非土地的道上
在那化工殘渣鋪砌的冰冷與無血性上
在那沒有軟綿土性沒有肥沃地力上
緣木求魚
種起良心稻

他們真是沒事幹了
數百年來先祖篳路藍縷開墾的祖田家園
生養孕育子子孫孫的稻田
一生患難與共唯一寄託的家園
就在經濟走向政府與利益掛帥的財團共謀處決
然後他們分贓等著好好過他們的殘年
他們擁有知識與財富一如擁有至高權力足以傲慢他人
也或許避走他鄉撰寫懺悔錄
再度要功要名要財富
一生狂騙騙人一生
老農只有常識沒有知識
沒了祖田還能幹什麼呢
他們真是沒事幹了

入夜在凱道上
有人正盛大舉行一場祭禮
有未成熟的五百株良心稻不播種在凱道上等死

而是決心散播在人心上發芽
老農以蕃薯圍繞著點燃的燭火
排成「LAND JUSTICE」字樣
無助的望向天地望向神農大帝
老農絕不寂寞
大家都是有良心有血淚有良知的人
決心呼喚土地正義歸來
把農田家園還給美麗台灣
把福田永續流傳後代

老農沒有知識只有常識
那常識是與天地共生台灣長治久安
特意製造烏煙瘴氣工害毒氣廢氣
剝奪大自然呼吸貽害後代子孫自是永劫不復
留下祖田與大自然共生息
子孫後代至少還有口飯吃

凱道種不了良心稻
凱稻滋長在良心上

（2010.08.07／刊 2010.12 笠詩刊第 280 期）

○這麼單純的慾望

財富我的肺癌肝癌血癌你的
你尿液裡的 PAHs 及其他的重金屬濃度也是你的
在你體內

幸好我沒有
所以我沒有什麼好害怕的
何況我還有良心癌
去發展工業經濟
良心癌作用很大連豬狗都害怕
何況無知的老農和莊稼漢
說了你們似懂不懂
這是促進經濟發展

可是
促進經濟發展就只有發展工害模式嗎
何況工害是對我家園不是對你府上
而我是被戕害者
其實既使也對著你的府上
在財富與健康快樂的天平上
你依舊會執迷下去
沒救的第三期良心癌

比起只有行屍走肉的生活和被毒害的殘生
我只想吸一口清淨的空氣和喝一口乾淨的雨水
這麼單純的慾望
真有這麼困難嗎

（2010.08.07／刊 2010.12 笠詩刊第 280 期）

○想家 ─ 記 2010 八八災民「還我家園」夜宿凱道

你們愛過燈紅酒綠的日子
那是你們的抉擇
我們不會管你們
我們愛無憂無慮青山綠水的生活
你們却一再的打壓
還把我們移植到遙遠的陌生的平原
還阻攔我們回家的路
還說山上多危險要我們自行負責
這是多麼令人憤怒的事情
真不知道要你們幹什麼

你們開山林造水壩築涵管
破壞大自然的和諧
造成大自然的反撲貽害我們的家園
迫得我們妻離子散流浪他鄉
還不思反省懺悔
只一逕的叫我們不要回家

在飄雨的凱道上
你們都快樂的回家了
惟有我們夜宿這裡
有家歸不得呀

在凱道上在這裡

當我們訴說著各族語哼著慰靈歌
訴說八八水災家園猷殘破
想家回不了家祭不了祖墳的時候
我們有共同的語言
這一年真的很短也真的很長

夢裡的家園很短
山林裡的家園却很迢遠

（2010.08.07／刊 2010.12 笠詩刊第 280 期）

◎LONG-STAY
　　　— 記 2010 八八災民「還我家園」夜宿凱道
有人 LONG-STAY
被最尊崇的引進客廳
被供養最尊貴的菜肴
被騰出最尊貴的臥房供安眠
伊各處漫步各處蹲上幾蹲
選票就到手了
逢迎拍馬屁的來了
見風轉舵的來了
卑躬屈膝的來了
伊又是洋洋得意更上一層樓
天下我至尊
捨我其誰

有人天黑落雨裏雨衣
在凱道落寞的 LONG-STAY
在無情的硬梆梆的凹凸不平的柏油路上躺下
沒有被騰出任何的舖位歇腳
也不是最尊貴的客廳
也沒有被供養點滴茶水
却有最豐盛的理想大餐

同是吃喝拉灑的人又有誰不一樣
同是在 LONG-STAY 心情却不一樣
有人得意忘形的遺忘當年的諾言
有人衝著永不熄滅的理想無悔的在奮鬥

吃喝拉灑大自然的循環
霸王妖姬巨盜販夫走卒
何人不與草木同枯朽
惟有理想是人類的光環
引領世人向上
真善美

（2010.08.08／刊 2010.12 笠詩刊第 280 期）

◎掠奪動物

一場場暴風雨襲來
台灣的山台灣的河
在土石崩塌中
在土石流流竄裡
悲鳴嗚咽止不住的抽泣
眼前的家園轉眼
消失殆盡
天地不給任何的喘息空間

那種掠奪動物
沒有利爪沒有鋼牙沒有蠻力
却有無盡的貪婪無窮的慾望
貪功貪財貪官貪慾
數十年來駕怪手開推土機與山河爭地
超限開發生態殺手無止境的災變
千瘡百孔的輪暴
台灣這塊土地就要受不了

哪天瘋了老天就給你好看
就是更大的土石流乾旱和洪水的肆虐
掠奪來的總要加倍的還回去
管你貴人賤人管你有勢沒勢管你有錢沒錢
到時可別呼天搶地

說什麼天地無情不仁

受不了的台灣這塊土地
正瀕臨喪失理智
掠奪動物欠缺土地倫理
見招吧
大自然的還給大自然吧

（2010.08.09／刊 2010.12 笠詩刊第 280 期）

◎森林經營與節能減碳詩三首

○森林經營與節能減碳

過度砍伐樹木改變地質地形

造成氣候大變遷

土石流橫行

流走萬物生命及財產

破壞生態環境危害土地命脈

也威脅國家經濟發展

樹木可強化地質改變地形也中和氣候

百年大計就是森林經營

林業碳匯管理體系

築基於碳吸存、碳保育及碳替代

再加上碳管理

適度更新林地才有新地再造林

維護保育天然林也要管理保安林地

經濟林則要符合林木生產目的

木材利用是生態效益的產業

森林經營要滿足國民不同的需求

森林生態旅遊

知識教育怡情

再加養性健康快樂行

擴大保安林地建構防災林
休耕農田來個平地造林
也是歸還森林舊有生長地域
黑森林的美境
山上的貓頭鷹都要下山來棲息

妥善管理老齡的樹種
砍老樹種小樹世世代代生生不息
自可減緩全球暖化
也是京都議定書的遵行
劣化森林要復育、森林更要保育
永遠永續經營

屋宇木造建材就是都市森林
減緩溫室上升防止地球的暖化
增加木質文化林產物的使用
砍伐成木林種新林並非破壞生態
卻是積極發揮木材固碳的功能
也是增加林農的收益
提升林農的營林意願

推廣平地造林鼓勵多多的參與
休耕農地轉作短伐期的樹種
即是增加森林覆蓋率及碳匯的效益
而平地造林宜視林木是經濟作物

樹種採多樣化

按樹松樹白楊樹最是好

適應力高生長快短期可見收益

那是降低造林成本提高造林誘因

增加國產木材的供應

也發展休閒農場

建造新台灣

成為綠境的生活天堂

（2010.11.01／已先刊於林業研究專訊 99.12

第 17 卷第 6 期總期 98 期）

○睜著混濁的眼球

人類對地球資源的需索越來越是高

造紙廠煉鋼廠化工廠電石廠

都是高污染高耗能產業

卻是雨後春筍般興建起來

可怕的消費力就是大量消耗地球資源

也帶來高密度的污染

而地球資源卻是不會增加只會減少

它們的污水口不斷排出混濁的液體

那是黑色黃色褐色或是灰白色深紅色的液體

而魚苗生病了

魚獲也大大減

而農產蔬果腐爛又變了形

而不遠處就瞪著混濁的眼球
那是漂浮的死魚屍
人們在惡水中打撈廢棄物
呼吸著充滿煙塵的空氣
黎民百姓日復一日
苟活在無奈的地域

那裡很多人在處理高科技廢棄產物
那是含著有害的化學毒物質
他們的土壤和水源長期暴露在毒物質裡
而孩子們的血鉛總是過高呼吸道也總是不好
鉛毒肝爆過勞猝死一樣也不少
不健康的經濟發展讓河水不能當飲水用
水井與大海也相繼淪陷
與清澈透明絕緣
可憐呀，他們却仍不得不取用

森林樹木砍伐殆盡了
就無成熟樹種備供取材
也造成地表沙漠化氣候大變遷
當河水不再流當樹木不再生長
摩天大樓就如幽靈躺在黑黑的灰霧中
他們呼吸著高二氧化碳排放的天空
他們窒息了城市也窒息了

人類生存環境的變差

健康問題就接踵而來

氣喘乾咳肺炎又肺癌

他們病了社會也是病入膏肓

靠著廉價外銷賺得少許的外匯

却要花上千百力氣

去復原受創的天空與大地

那就是只顧經濟不顧環保的報應惡果

（2010.11.01／已先刊於林業研究專訊 99.12

第 17 卷第 6 期總期 98 期）

○節能減碳友善環境

人類經歷農業社會進入工業文明

經濟發展快速

也是過度浪費的開始

台灣地小人稠自然資源又貧乏

仰賴進口供給能源

過度發展鋼鐵、石化和水泥產業

盲目追求經濟效益謀取大量外匯的累積

以台灣僅剩的資源

去補貼他國隨意的浪費

台灣島這樣不斷的耗損

而鄉村城市化而城市大都會化

自然嚴重衝擊到台灣的自然環境

人類對地球資源的需索越來越高漲
而地球資源並不會變多一些些
卻只會變少
可憐的台灣島
自然資源自是每況愈下
而這，又有誰人來關心關懷

經濟發展的核心價值
是要人文與環境的平衡
永續發展的經營
節能減碳是負責任的態度
對世界盡上一份的心力
也是對台灣環境的友善
那就是台灣人生命安危之所繫
對人的尊重就是尊重自己
節能減碳就是產業的創新
我們要低耗能低排放低污染
做到這一點才是真正的經濟起飛
遺福後代子孫

而全球化的低耗能低排放加上低污染
人類才會在地球上多活一些日子
否則惟有早早與地球訣別
被除名滅種

（2010.11.03／已先刊於林業研究專訊 99.12

第 17 卷第 6 期總期 98 期）

宜蘭休閒農業之行輯

◎召喚

鰻苗調皮不知愁

總愛暗黑裡嬉戲

越黑越瘋

更愛餐風飲雨露逐漣漪

躲貓貓

一覺醒來

浪跡東瀛

故鄉海香

回不去

縈夢中

鮭魚千千鄉愁

（2008.11.30／刊宜蘭縣政府《詩與休閒農業的對話在蘭陽》／輔導單位：行政院農業委員會）

◎腳踏車與風車的調色盤

給你斑剝腳踏車溫馨童年
海風鹽份多海風陣陣吹
一個潤滑軸心一股宜蘭人憨厚情

紅綠藍黃扇葉色色不同
軸心雪白你我心
向陽向明月向台灣
台灣我的母親

跨上單車千頃廣袤平原
或許馳騁或許緩慢踩踏
就隨你心隨你情隨你高興

風車的調色盤插在斑剝鐵馬上
車慢騎盤慢轉車騎快盤呼呼轉
轉成白色轉成你我的心
無瑕
愛宜蘭愛台灣

快快快

（2008.12.01／刊宜蘭縣政府《詩與休閒農業的對話在
蘭陽》／輔導單位：行政院農業委員會）

◎網

生是一種期待一種未明
也是一個苦楚

著鱉黑雨衣褲暗黑海中行
却是未知世界未明的海
不知是豐收的一刻還是一長季等待
就看天看海看運了

一絲的鰻苗漂流海洋乘長風破大浪
而漁人三更半夜架定網放流網
玩著相同宿命一個

或許拍岸少浪濤水流順暢
或許有風雨有點露
玩瘋的黑金就忘了歸途

漆黑中的鰻魚漆黑中忘了睡眼的漁人
就這樣玩著下網起網落網

生是一種苦楚一種未明也是一個期待
下網落網破網禪定世世代代

（2008.11.30／刊宜蘭縣政府《詩與休閒農業的對話在
蘭陽》／輔導單位：行政院農業委員會）

◎我叫二分之一樹

一棵茄苳樹屹立防洪堤上不叫茄苳
茄苳腳下沙灘植哈密瓜對面沙灘種西瓜

沙灘這邊沖刷那邊淤積
這邊淤積那邊就沖刷
沙灘總是有多有少分不好
三十年河東三十年河西一句老話

一大群人上了堤岸
這半急急下坡爭搶摘採一個哈密瓜
體驗辛勞豐收喜悅
另半蹲樹下納涼口裡喊累喊叫著
幫我摘幾個就好就好

一群人上了坡
管他是都市來的鄉下來也不用算也知道
以我為界址畫二等份
右半自食其力左半想討吃
可不知哪個聰明哪個傻瓜
就這樣叫我二分之一樹不叫我茄苳

（2008.12.01／刊宜蘭縣政府《詩與休閒農業的對話在
蘭陽》／輔導單位：行政院農業委員會）

◎白鵝與白鶴

騎斑剝鐵馬

對不起

我不抓鰻不眺龜山島不泡溫泉溝湯

不懂螃蟹不解南瓜不賞鳥

我只是累了尋片好山好水度假逍遙

孤單一個踩呀踩踏呀踏

但見藍天白雲萬頃綠遠處有積架

下來三五迷彩裝戴著迷彩帽

架上百萬望遠鏡口裡嘮叨

他們嘟嚷著

在地人說的

那種白鵝有什麼好看的還看老半天

不是傻子也是瘋子或是有毛病

我非在地人也不賞鳥更沒毛病

我說那種白鵝確是沒看頭

我聽不懂在地白鶴生態專家解說

我只要逍遙度假

心靈品味好山好水

但不賞鳥不抓鰻不泡溫泉溝湯

（2008.12.01／刊宜蘭縣政府《詩與休閒農業的對話在
蘭陽》／輔導單位：行政院農業委員會）

◎放風箏

紙糊風箏樸拙難飛低飛飛不高
不織布風箏豔彩易飛飛遠又飛高
低飛常吻鄉土地
高飛易放難收常見斷了線不飛回

故鄉土沒怨言
十月懷胎產下宜蘭子女
不織布的風箏
就把他們過繼台灣
台灣台灣台灣人的母親

宜蘭平原上放風箏
也不知要用紙糊還是不織布

（2008.12.01／刊宜蘭縣政府《詩與休閒農業的對話在
蘭陽》／輔導單位：行政院農業委員會）

◎遊北關休閒農場有感

一個活生生的肉體
有喜怒哀樂要吃喝拉灑就是你
你卻不知周遭也有許多活生生肉體
和你共呼吸

北關休閒農場活生生的生態教室
有些動物來去自如有些已定居
或許你不知除了你自己
有許多蝴蝶鳥螢火蟲和你為伍
而你儘管說你知道哪是蝴蝶哪是鳥哪是螢火蟲
你也知道黃種人以外還有白種人黑種人
卻不知道這裡擁有 130 個品種的蝴蝶
90 種鳥類還有 17 種螢火蟲
有些原生有些移民有些是度假客
它們各有差異但你不一定知道
而所以會有這麼多品種
就因這裡有 300 種植物讓它們眷戀

或許你不需要分辨是哪個品種
但你可認識它們各吹各的號
花樣百出妝點自己有奇招一如你

幸運一點的留下很多記憶

認識很多蝴蝶鳥螢火蟲的品種
而你將來也變成蝴蝶專家鳥類專家螢火蟲專家

不管了
既使學到容忍別人容忍物種生活權
也是人文素養自由民主教育
聽聽他人意見承認物種生活權

你我僅只百年歲月
置諸於天地歷史也不過火花一點滄海一粒
即使持茅劍砍殺天地也不會是你我的

　　　　　（2008.12.02／刊宜蘭縣政府《詩與休閒農業的對話在
　　　　　蘭陽》／輔導單位：行政院農業委員會）

◎頭城農場見聞

110 公頃陣仗不是蓋的
這裡有多樣性自然景觀豐富農業生態
是農村生活體驗生態教育好地方
是生態平衡農村文化的保存

這裡有踩高蹺、扯鈴、竹竿舞的農村童玩
玩得興起還可同心協力炕窯
或大伙兒彩繪祈福天燈佑國佑民佑自己
再不然就來個竹藝創作或葉拓 T 恤
看自己手藝考驗耐心耐力

天候四時更替
菜園果園裡不是這個今天收成那個下季收成
就是今天這個開花那個下季開有時有序

而火雞、鵝、山豬、水牛、番鴨等農村動物
自是都市罕見珍稀
更有羊咩咩點頭要你餵
還有剛下的雞蛋餘溫猶存一股暖意

如果午餐的鄉土料理、放山土雞肉、廚師手路菜
引得你胃口大開
那麼來點綠豆湯、甜湯圓、粉圓、芋頭米粉、切仔麵

更有我也不知道的 QQ 反正你吃了就知道
都是自由取用阿嬤古早味

土牆屋你見過嗎
那是早期台灣最常見就地取材的
用泥土為牆用茅草為頂的先人避風雨的家
自然環保鄉土又冬暖夏涼

而微風輕拂蟲鳴鳥叫蝴蝶翩舞不就是你我的嚮往
在樹屋區裡你就可以感受和大自然的和諧共處

（2008.12.02／刊宜蘭縣政府《詩與休閒農業的對話在
蘭陽》／輔導單位：行政院農業委員會）

◎我說我不要

說可以帶瓶水養隻蝦自己 DIY 帶回家
我說我不要
從來養魚養蝦養得很有成就感卻總在某天夜裡
魚蝦不再悠遊海草腐爛海水死了而自責而傷感而掉淚
雖說生物本有生死
卻不願造因結惡果

他們說有小石子又有水草又有好水在瓶子裡很好玩
小蝦悠游怡然自得很是可愛
每天八個小時見陽光也不用換水不用餵
足可養活三個月

北關休閒農場位處台灣東北角海岸
依山面海俯瞰太平洋群山環抱
花木扶疏果樹林立
山谷由多條山泉匯流形成特殊生態環境
孕育特殊昆蟲鳥類棲身
而植物生態更豐富隨處見驚喜而 90 種鳥類
130 品種蝴蝶 10 品種螢火蟲 300 多種植物是天然寶藏
何況還有世界惟一的螃蟹博物館
搜藏 500 多種螃蟹 2000 件標本和活體

就從生物的科學的民俗的藝術的眼光

細細豐富觀察或佬佬進大觀園走馬看花看你了
至少總可以看到世界之大螃蟹之多樣性
並非昔日的認知

北關休閒農場臨別
要我們 DIY 把養生奶瓶標籤去掉洗淨
先加小石子那是天地化石次加海水再插一枝水草
撈兩隻小蝦蓋好瓶綁上麻繩攜帶
我囊著透明玻璃瓶養著小蝦悠游回家
而當我詩成我將把小蝦放生
而我的歡愉在詩裡在眷念裡

（2008.12.03／刊宜蘭縣政府《詩與休閒農業的對話在
蘭陽》／輔導單位：行政院農業委員會）

跳舞快樂泉源輯

◎妳晃一頭馬尾髮
—— 送給〈脫軌演出〉唱者王美蓮

不顯眼是妳一貫的執著
卻選在最突出的舞台
展現妳的歌舞
妳晃一頭馬尾髮
站上青春年華
表演
在倦怠城市落差年代
質問黑夜的陰鬱
宿命山岡

超越時空的妳悄悄攜來
一首詩一闋詞
在藍色現場藍色時間
展現年輕的決心
舞的風土自然的我
傾洩曼妙歌舞

妳諧音合唱嘻哈曲
透過舞蹈詮釋
焚盡昨日感傷
道盡來日夢想
愛的就是當下

定睛音符的宣洩
聆聽律動的震撼
構建沙城
旋律催化鼓漲妳每顆的
細胞
一如張帆的舟
駛向每個收穫

妳扭腰擺臀
舞在當下
沒有自我矛盾沒有情念煽動
妳深邃的雙眸亮著神秘微笑
抖落一個個的音符一節節的律動
手舞足蹈微妙
舉手投足迴旋再迴旋
靈與舞天衣無縫
所有的陽光拱照妳
所有的月光被灑妳
恣意青春恣意歡笑

問妳笑什麼
妳說妳就愛嘻哈
愛唱又愛跳

（2006.03.07／刊 2006.06 笠詩刊第 253 期）

註：王美蓮曾創作許多曲詞，由 A Mei、孫燕姿、梁靜茹等
　　演唱，此次走出幕後，自行灌製〈脫軌演出〉，特予註
　　記祝賀。

◎拉丁舞世界

千百年舞之緣

但見曼妙舞姿

向日葵

總是望向一份熟稔

煦陽藍天花果草薰

碧山水清澈

拉丁舞風輕水柔

黧黑馬尾髮漂染一絲微赤

墜落紅塵

似曾相識

啜飲流暢音符

輕盈拉丁舞步

曼靡滿盈

兩頰微酡雙眸晶瑩

曼腰曼舞

曼舞曼波

一泓

陶醉

沉緬往昔追憶

夢我忘我

妳旋妳轉
拉丁舞世界
寧靜之海
水之舞

（2006.08.11／刊 2006.12 笠詩刊第 256 期）

後記：於老師田耀文（JOE）之拉丁舞課堂，與黃元亭共舞，
　　　詩贈之。

◎那群女孩

以歡樂之姿
書寫每一個春每一個夏
每一個秋每一個冬
那群女孩邂逅在彩色國度
不寫心情寫意境
平和親切友善愛心

愛跳舞的女孩舉手投足皆韻律
或快或慢或急或徐
以節奏詮釋
一個旋轉一個優雅
一個健力美
一段的傾訴一串的故事

笑的語言開朗的心舞的優美
這世界向來的缺憾
那群女孩
醉在歌聲醉入舞蹈
醉在銀鈴的笑醉在滿懷的開朗
自然詮釋真情流露
不愛天籟只愛歌舞人世間

那群女孩

整天用心靈寫感覺的日記
愛歌愛舞又愛笑
快樂天使
來自另一國度

（2006.09.04／刊 2007.02 笠詩刊第 257 期）

　　註：在老師陳建志（阿志）的 FUNKY 課堂裡，有一群
快樂天使；謹詩贈習美麗（小麗）、宋美蘭、張孝媚三位。

◎站上吧台是唯一選擇

很多手很多足很多胴體
手屈舉搖曳足左旋右轉胴體扭動曼曼
屈舉的手仰望旋轉的足仰望扭動的胴體仰望
一串音符在流盪
一曲高歌低吟誰在唱
一個自由自在的奔放

或許站上吧台是唯一的選擇
受不了的蠱惑
恣意自我
俯瞰群相
在哪
我的最愛

搖曳的雙手有波濤穿過
鞋跟鞋尖咯咯咯敲響著
合著音符跳動在寂夜
胴體款擺誘惑
總想賣力出演一夕春意濃
告訴所有的人
舞蹈我的最愛
青春
多美麗

在小小餐廳「元鍋」的場地
一顆顆的心醉在音樂節奏裡
曲輕柔語多餘
野性呼喚青春吶喊
存在的唯一理由就是律動
在柔和燈曇下
奔放再奔放

深紅葡萄酒染醉意
舞者鼓動醉的氣息
台上台下醉了
青春的心野性的胴體
在午夜舞者深深醉
飆歌舞

一個自由自在的奔放
一曲一串的音符
一個旋轉一個舞步
永不停歇

（2007.02.11／刊 2007.08 笠詩刊第 260 期）

註：「卡拉家族」歲末感恩尾牙團拜聯歡晚會，於 2007.02.02
　　在莊敬路「元鍋」舉辦，出席有家長郭吉雄（卡拉）、
　　阿姑、郭菲力、魏仲儀、阿芳等五十人。

◎拉丁舞者

憂鬱痛苦奴役迫害禁錮解放
纏綿深情婀娜蛇語言
熱情奔放乾淨俐落花俏連連
粗獷豪邁奔放野性
淬煉詭譎亮麗淒迷奔自由
揮灑沉醉忘我
愛扭愛動愛抽愛送伸張蜷縮放鬆
蛇身晶瑩輕巧蠕動
憂鬱痛苦悲泣昇華制約律法奴役破功
幻化百無禁忌這刻難得的奔放

駕馭表情肢體伸縮蠕動
手舞足蹈喜怒哀樂愛恨情愁
舉手投足肢體語言顏面表情旋轉
仰望渴望沉思低迴愛撫性誘惑
完美舞蹈愛情舞冷豔媚意性感挑逗
情感交流魅惑迷惑蠱惑
野性爆發釋放
燦爛活潑奔放剛毅堅強放鬆靈肉慾一體
心眩神迷生命活力浴火鳳凰揮灑放空
蛹化蝶舞破人生

（刊台灣時報 2009.02.11）

◎跳舞快樂泉源

一天不見猶如隔三秋
哪來話匣子如潘朵拉魔術盒
一打開就宣洩盈溢話語如奔馳瀑布
雪白清新朝氣青春洋溢
上課鈴響阻不斷傾訴笑鬧

妳漾著晶瑩的眸無辜的嬌嗔
哪是那樣
祇是日子本該快樂過
何必蹙眉深鎖冷漠裝模作樣
變調是必然結果
誰又在乎一板一眼的跟的學

撥弄的指變調的扭動如蛇軀
卻是蹦出一股誘惑
一個自撫一個性感
傳來溫柔媚笑
一顆愛跳舞的心
就是快樂泉源
愛跳舞呀愛跳舞

（刊 2010.10.15越南華文文學第 10 期）

先人有夢輯

◎在這不理智的世界

不該啜飲苦咖啡
今夜輾轉難入睡
微癢似以汗毛輕拂
讓人有點知覺有點不知覺
很想打探是否母蚊在抽血
難道螳臂擋車敢胡作非為

緩手曲腿重拍去
掌清脆聲震裂
憤怒有如敲鑼打鼓捉鼠輩

以另手觸摸
掌上空空如也有屍才怪
被激怒的母蚊早在耳邊示威
哼哼哼

哼哼忽左忽右
舉手自摑臉頰左拍右也拍

哼哼母蚊憤怒左衝右突昏了頭
血奮張重拍去
哎呀我的眼球
眼球不叫痛我卻知打到

一天兩天三天
不被理睬的眼球癢癢感覺視力也減退
攬鏡自照才知
黑白分明的眼滿佈血絲紅通通
這下再不好好對待
只怕瞎眼看不見未知世界

看多有料沒料爆料
乖乖點眼藥
在這不理智的世界

（2006.06.07／刊 2006.08 笠詩刊第 254 期）

註：不理智的世界，傷害自己。

◎先人有夢

抽腿
強權囈語
想抱大腿終老的老國代撲空
堆疊的神話鬼話
再無人玩法統保衛戰
換血是必要

總統直選
宣示台灣人民當家做主
四百年不敢有的夢
讓神話鬼話變屁話

有人舉民主本土清廉大旗
引領風尚景從
台灣主體意識匯集本土情懷凝聚
卻不知草根漫延
在妥協與擴張中偶沾旅塵

沒威權的天下
不會動輒遣送綠島唱小夜曲
漫天要價的言論自由新聞自由
造就有人語不驚人誓不休
有料沒料通通爆料

既是表演當然有出場費
既有賣點當然有表演台

哪個政治人物沒有進帳沒有應酬
哪個高官不以私心建構王朝
原以為這不打緊
牙痛不是病卻是痛起來真要命
台灣人民已看不慣
不管你是藍是綠是橘是黃
不管你是大官是小吏
要不得那舊習

愛深責切呀
綠色同胞
有理想的人更要堅持理想才能延續
黃色同胞
別被勢力擴張以及可能的執政沖昏頭
藍色同胞
敬愛養你育你的美麗島重行掌政指日可待
橘色同胞
認同台灣參與政務不可少

有毒瘤割毒瘤
沒毒瘤堅持清廉民主自由
台灣要的是

守護台灣守護人民的色彩
先人有夢
樂土

（2006.06.05／刊 2006.08 笠詩刊第 254 期）

◎大掃除

難得歸巢的丫爸總有回巢時刻
攜著的行囊越走越單薄
鬢毛卻越發白皙
清癯清癯
生活
眾多嗷嗷待哺
學費張羅蹙眉
困窘嘆息

丫爸踱步
不煩學費也非生活
學費借生活儉著過總有太陽升起的時候
禮盒擺現金怎消受
天下天下太多
垃圾

權衡人間苦
丫爸有臉坐定膽怯
走過曲徑潺潺流水笑的癡
炫麗雲霞擁吻低下的額
小市民平安一日

白皮書垃圾太多二二八垃圾太多

垃圾太多流亡垃圾太多威權
彎彎山腳流著彎彎河
河上有片欲曙的天空

坐廣場嗆聲威權
走仁愛道求本土
血淚滋育民主牆
自由
心聲
本土或許是開創
腐化卻是大權力
社會風氣未掃除
藍綠一個樣

浴場有珊瑚真珠遠處炊煙嬝嬝
卅年淨山今晨淨沙灘
民主牆發光夢
權力甜蜜痛苦迷茫海洋
山河何須淨浴場浴凡心
垃圾山和海
歪斜的那面民主牆
何時拭乾哭泣淚海

三腿仔橫行三腿仔人愛
三腿仔得意再逍遙

升官又晉爵

小時抱大腿大時貪火腿

堆積垃圾如海山

借問你的得意哪裡來

民主那面牆

綠色資產

有夢棲息

（2006.05.20／刊 2006.10 笠詩刊第 255 期）

註：三腿仔指跑斷腿、抱大腿、送火腿。很多人這樣過一生，
　　並且雅好此道；小時抱大腿，大時貪火腿，並將之傳承，
　　嗚呼！

◎我說爆料

灰濛天空是黎明抑黃昏
人似夢非夢
似乎真理也發狂

不讀書不看書的日子無聊
總要掀波浪造漣漪
擎天祭血
可憐人
不爆料何來茶餘談話材料
閉鳥嘴

群魔亂舞踩踏血路在舞池
一個跺腳一陣吆喝
一個踢腿一陣殺伐
廉售靈魂
藍綠演員血脈賁張各是其是各非其非
是也非也非也是
民主素養遁何處

有人站高崗鼓譟
呼嘯炮彈沒來由就要爆死對方
犬牙不沾血如何啃嚙
屍骨

爆料亂源
是非不明
葬送自己
輕症撈錢癖重症耍陰森
可恥
不要臉

是非有明
爆料理性
死角活化藏污見光明
青青草原滋長
飄送清香
淨土

（2006.06.15／刊 2006.12 笠詩刊第 256 期）

◎不爭無爭好山好水

風耕耘落葉一壟壟
有深褐有淺褐有濃綠有淡綠有藍有黃有菊
愛什顏色上什顏色
何勞染指

春寒
落葉已多日
東西本相隔葉脈頂陌生
遺世生息
本是緣
忘我
忘我

寫人百年
寫國數千寫歷史億萬年
不爭無爭
好山好水好兄弟

寄
語
歷史
年萬億
託詩風雨

捎給你

越過那座山

再造翡翠森林松柏蓊鬱

（2007.02.21／刊 2007.04 笠詩刊第 258 期）

◎我天天去火車站

我天天去火車站

那裡火爆溫馴

那裡柔情似水熱情如火

齜牙裂齒眉飛色舞

身體語言獨一無二

反貪腐

而這是最吸引人最迷人的

不管你剛柔不管你藍綠不管你對錯

不管你性格不管你貪腐

隨時遇到剛柔貪不貪腐

與你共舞

並且火花四濺載歌載舞

跳舞最可表現個人特質

內心的性格與身體質感韻律

生命藉由舞蹈外顯

在婆娑肢體互動之際

各類屬性混合交錯

編織一幅

訴說貪腐秘密

那天地只有你

我

我戴綠帽

穿土衣

睨對街一群紅衣紅帽人

就要看鬧到何時了

才心甘才對錯

反正我已無心

生活

如昔

（2007.02.17／刊 2007.04 笠詩刊第 258 期）

◎黃河來的紅土

突來潰堤
衝下許多變裝紅衣紅帽人
他們有的愛交百元有的愛湊人氣
沿著仁愛大河
排山倒海
轟隆隆翻
滾而
下

我戴著綠帽穿著土衣逆流而上一葉孤綠
有人裝看不見有人斜睨橫眉豎眼霸氣
我戴著土帽拖著拖鞋一幅土相
有人仗著大塊頭有紅軍行頭
迎面吐痰挑釁操外語
我看不見聽不懂
可也膽戰心悸
小命一條

座落台北火車站廣場
突然壘起一堆黃河來的紅土
惟紅衣天下黏黏膩膩禮義廉恥無恥
你倒豎大拇指喊下台
下台下台下台

我挺著你
大拇指
正豎
起

我戴著土帽穿著綠衣栽種在那裡
心裡孤孤寂寂悲悲切切悽悽悽悽
遍尋遍山河野的台灣樹木青草長在哪裡
台灣的泥巴地土黃的
土生土長的
全不見
那裡

（2007.02.17／刊 2007.04 笠詩刊第 258 期）

註：在多元社會裡，為嗆聲者鼓掌。

◎台灣我的母親

瞥見滿路一攏攏風耕耘的落葉
一股溫馨滴上心頭
無意吟唱落葉化春泥
感動塵泥相偎依
自古童稚真心鄉野景色
我生我長我死我葬
台灣我的母親
故鄉地

何來暴風暴雨
迫邊離
說祖國在那裡
那裡不是這裡
我生我長我地
我死我葬
別離他去
迷障

台灣我的母親
愛您敬您
我不願別離他去
與母相偎依
同根連氣

就是

這裡

（2007.02.21／刊 2007.04 文學台灣第 62 期）

註：春節期間清潔人員放假休息，馬路落葉滿地，望之心頭
　　一震，反覺溫馨踏實，純真鄉野景色。

◎先人九泉含笑

敗敗敗
掛不住的臉哪兒擺
偌大江山雖斷送
降服彈丸之民輕易
別螳臂擋車自尋死路
徵糧徵糖徵鹽高價賣
菸酒公賣暴利在
無非養活殘兵散勇效忠黨國
而收禮受賄貪腐下一步移民美利堅多少人
而欺壓掠奪強姦強暴勝利國姿態

被管怕又怕死的台灣人注定奴隸命
世襲的家奴黑奴賤民命定
有理無理主子取命
敢吭敢怒
找死不要命
不管你是台灣人外省人
非我族類就該進修洗腦重新做人
斃你

喊著打仗以槍殺異己不累嗎
恨
有生命要呼吸找出口

密告偵訊拘押槍殺
你的言語我不懂
囂張漫延
火紋身火看著你
鳴笛
光明燈黯淡

賢民建立民主投票
怕死的人懦弱的人
無需刀與槍血與汗革別人命
你只要虔誠悄悄投下台灣贊成票
先人定會九泉含笑
那一天

（2007.02.23／刊 2007.04 文學台灣第 62 期）

◎口業（台灣語文詩）

有人腸一條通到底
胡言亂語猛放屁
口業大碗又滿沿
哪天腸打死結沒屁放
面見祖宗
回老家去

有人一條腸通到底
了無心機
不欺不騙
不貪不瀆
不仗勢凌人
怡然自得吃百二

（2006.08.22／刊 2007.06 笠詩刊第 259 期）

◎塑像悲歌

有人灑泡尿說到了
有人上廁所說有糞
有人樹幹刻字石頭題辭
變塑像
被站
立

尿尿蒸發糞便風乾
刻字癒合題辭剝落
只有一個大自然歸處
塑像站那裡沒斷掉頭
不管你不歡喜
歡喜

不管你尿幾多處
不管你便幾多回
刻多少字多少辭
只有大自然一個歸處

有人心疼你餐風飲露沒歸處
發願做好事
卻有人說你不得好死
就要你

罰站

寫人百年
寫國數千寫歷史億萬年
不爭不爭
無爭
好山好水好兄弟

什麼功什麼過有人讚有人嫌
換個裝休息休息
何勞當標靶
礙眼

好山好水好兄弟
饒了我吧
大自然
一個

（2007.02.17／刊文學台灣 2007.10 第 64 期）

註：維根斯坦（1889-1951）認為「除了自然以外，不要用別
　　人的模範做你的嚮導」；喜愛自然的尼采（1844-1900）
　　強調「我們很喜歡外出到自然裡，因為自然對我們沒有
　　意見。」（摘自許達然〈葉笛的浮世繪〉第二、三段）

◎懷思三首

—— 巫永福前輩逝世紀念文

○五個世代三個世界

少小不知愁滋味

但會撿田螺掠泥鰍

掠土蚤掠蝦摒蜆仔釣水蛙

埔里郊外水田小溝沒有農藥沒有污染

日人保護水土維護保安林也獎勵民間造林

大自然是純真快樂田園景觀宜人

被殖民的台灣島沒被壓榨

卻是治安良好生活安定沒有鐵窗的世界

那是路不拾遺門不閉戶的地方

國民所得及生活水準

較諸當家作主的中國高出多多

公學校雙語教學

漢文台灣人當老師

日文日人指導

既開明也鄉土

有根有地

戰後國民政府派陳儀一班人來台獨裁

就是台灣人不幸的開始

政府高級人事排斥台灣人

貪官污吏橫行

官員公然練就說謊

失業增物價漲台幣大貶
人心浮動沮喪治安敗壞
於是二二八響起
於是台灣菁英頭顱斷屍首懸吊示眾
中國政治的險惡一生難忘烙印

接著是
四十年戒嚴萬年國會白色恐怖
失真的台灣獨裁的嘴臉
棄台灣棄本土整天想著反攻大陸
政治道德破敗難修繕
就靠黨外人士、民進黨、台聯、建國黨擎大旗喚醒希望
講民主講自由講本土
一股風潮雲起
開放進步台灣人作主

行過五個世代三個世界
悲歡離合
偶然來到人間
再苦的日子也已度過
「而後青啼鳥避入他方逍遙
不知去向」（註2）

（2008.09.28／刊 2008.12 笠詩刊第 268 期）

註　1：本詩大致以巫永福前輩之詩集《時光》中之自序用語
　　　　成詩。
註　2：引自巫前輩〈時光〉詩句用語。

○講台灣話用台灣話講

講台灣話的他
出生在錯誤的世間
成長在錯誤的時代
工作在昏暗的世代
走了猶在黎明的人間

黎明的人間黑白交錯混沌不明
民主自由本土威權神話復辟
而這
他已懶得理會

一世紀的歲月
就這樣講著同樣的台灣話
不管碰到的是台灣人日本人中國人
或是講著北京話的台灣人
講台灣話用台灣話講
他總是如此說著
既使周遭都是講北京話的人群
他講的台灣話卻是更加字正腔圓

丟下最後一句台灣話：
「講台灣話用台灣話講。」
他走了
悄悄的告別人世間

（2008.10.06／刊 2008.12 笠詩刊第 268 期）

○青笛仔

稚鳥的青笛仔
穿著綠衣衫唱著台灣的歌
也不管太陽是多麼的炙熱

長大的青笛仔
穿著綠衣衫唱著台灣的歌
也不管白日是多麼的熱死人
有人死了有人瘋了有人病了有人傻了
只因他們唱著台灣的歌

唱呀唱
青笛仔唱到老了
不老的是牠還是唱著台灣的歌
穿著一成不變的綠衣衫

而有些鳥是變色鳥
變東變西變南變北變黑變紅
就是不哼台灣的調
雖然吃著台灣古早味

（2008.10.06／刊 2008.12 笠詩刊第 268 期）

◎放尿罰九千（台灣語文詩）

你實在真歹看樣
大人大種隨便的路邊厝邊溝仔邊放尿
講你無應該
你又給我歹看面
官府是恁開的
無人對你有法度

等待你文明進步得知影不可隨便放尿
我也知影這款的代誌
那是我早四十幾冬前就知影的代誌

我飲酒飲得醉茫茫
但是我知影歹勢隨地放屎尿
彎入派出所借便所
也是我知影不可街頭街尾隨便放尿

等待我放了尿出來
哪也知影你將我銬留起來
講我飲酒騎車愛罰款
哪也知影也有這款罰款了錢的代誌
我就偷偷在溝仔邊放尿
掠也得搭罰錢
也沒放一浦尿罰九千

唉
官府是恁開的
無人對你有辦法
恁愛放得放恁愛罰得罰
無人對你有法度

　　　　　（2009.10.18／刊 2009.12 笠詩刊第 274 期）

◎求雨（台灣語文詩）

溪溝仔瘦乾乾

田園仔都必痕

稻仔黃萎臭火乾

搭知影代誌大條啦

緊急停供民生用水

三工一停過工停

斷水斷水斷水

舉頭看天求雨無見笑

以前討債無愛惜

水費無貴值無幾角銀

我是上帝子民佛祖的生靈

我統治世界

世界是我統治

自來水無自來怎樣叫做自來水

欠水停水斷水

壞了壞了

被重視的那一工

就上了神明桌

給拜

恁早哪知影也有這一工撲撲跳的一工

當時如果知影死活儉惜水源
那也有這工

啥人講你統治天地
是天地統治你
愛你活你得活愛你死你得死
卡乖哩卡無蚊

（2009.10.16／刊 2009.12 笠詩刊第 274 期）

◎是非（雙語文詩）

之一：台灣語文詩

烏 ma ma 的天頂，烏汁汁的土腳
我愛掛目鏡
為啥物烏講白錯是對

免用到律法毋免得法理情
阮是律法一切
烏 ma ma 的天頂，烏汁汁的土腳
阮的是是是，阮的非就非
上好愛知影阮的喜怒愛恨
想著抱大腿丫是火腿
照樣鉸衫免明品毋錯
大官虎按呢講

我實在愛掛老花的目鏡
抓非講非
抓是講是
不亂傳免亂講
雖然在
烏 ma ma 的天頂，烏汁汁的土腳

之二：華文詩

灰濛濛的天油污污的地

我確實要戴眼鏡
為什麼老是把是說成非錯講成對

用不著律法規定用不著法理情
我是律法一切
灰濛濛的天油污污的地
我的是就是我的非就非
最好還要知道我的喜怒愛恨
想的是抱大腿還是火腿
依著做準沒錯
別言傳
長官如是說

我確實需要戴個老花眼鏡
把非說非
把是說是
別
誤
傳
雖然在
灰濛濛的天油污污的地

（2009.10.31／刊台灣時報 2010.03.28）

◎人　間

看藍天樹林遍佈的線
天空七色紅橙黃綠藍青紫
作繭自縛
還加黑線白線
大地伸不了手腳自然頓失風味
電力線電話線電視線閉路電視線竊聽線針孔線偷窺線
有線相纏糾葛剪不斷理還亂
人有喜怒哀懼愛惡欲七情
但見兩眼兩耳兩鼻洞加一張嘴叫七竅冒煙
眼耳鼻舌身意所生欲念稱六欲
五花大綁免得亂來
無線之線重負沉沉

情牽思線月老牽紅線絲絲飄渺人間
有線無線糾葛之間東西南北交錯橫陳
結成同林鳥
單純就是美
就是一輩子不管在哪
忘不了情忘不了思念

（刊 2010.10.15 越南華文文學第 10 期）

職場生涯輯

◎大頭針

瘦俏身材不會婀娜多姿
只得挺正如竹節
有骨氣
頭是大了點尾是尖了點
無非為的把整份公文釘一起
功效就在傳遞上
免得零亂散開
長官好看

是不起眼
那麼細細小小
可也有脾氣
不工整的別
軋手
就軋你長官富貴手流血
讓你長官永遠記得你
升官沒你份
考績也對不起

誰叫你細節
不在意

（2006.05.29／刊 2006.08 鹽分地帶文學第五期）

◎出入證

姓從父從母

從繼父養父從繼母養母

愛什姓什夠自由

名阿貓名阿狗

小白小馬皮蛋

管你叫什你就叫 1 他叫 7

編號照相

把名牌製造

就叫出入證

出入證的花臉比人還漂亮

管你叫 1 號還是 7 號

管你是我父我子

出入憑證

有證准進沒證莫闖

管你是人是貓狗

上級交代

有情也好無情也罷

有證准進沒證莫來

（2006.05.29／刊 2006.12 笠詩刊第 256 期）

註：本詩詩成發表前，似宜加註機關裡最近實施出入證規定，
　　主事者並且嚴格規定認證不認人。

◎太師桌

面大四方肚大錢財王
太師座桌雄踞半個房
四職員份量八人抬不了
威風

桌面可置公文卷宗
簽字筆考勤簿升官圖
水杯咖啡電腦電話
還有禮
誰送

鞠躬盡瘁服侍討歡喜
就請長官
大事小事不順心如意
斥責罵人摔卷宗
既使三字經出口
請別拍桌
很痛

（2006.08.29／刊 2007.02 鹽分地帶文學第八期）

◎哈巴狗

考你忠狗一切聽我
問你對錯長官絕不會錯
升官測驗
年資甭管能力欠看
忙死累死活該
就幾分哈巴狗

一切聽長官隨堂測
公文沒別好罰站
別字面壁思過
報告不敲門有罪受
痛罵斥責丟公文拍桌
就差三字經出口

小事著手罵你損你貶你
臉皮厚沒羞恥非人是狗
妓女養成所先姦再好說

等一切照我順我依我
擠絲笑臉
你不錯
考績有份升官非你莫屬

（2006.08.29／刊 2007.08 笠詩刊第 260 期）

◎討　賞

積極辦事嚴以管理是必要
瘦削身材終悟出
藝術殿堂填不飽肉慾
放棄尋夢擠進權利核心惟一目標

一句算一句
屬行杜絕抽菸上面交待
就在垃圾筒放把無名火
證明抽菸危害安全
一如二二八栽贓
一如希特勒燒了國會
行文下令
辦公場區嚴禁
抽菸

屬行節約用電本就該
卻把上下樓走廊燈關熄滅
減幾盞耗電叫績效
不想夜歸人摸黑上下階梯多危險
恐懼不安全
跌倒由他
功勞我拿

這種人看自己業績辦事

面目可憎

應該長命千萬百十年

造惡業滿貫

老而不死

呸呸

（2007.09.15／刊 2007.12 笠詩刊第 262 期）

◎官字二口（雙語文詩）

之一、台灣語文詩

大漢人忽然間大漢囉跤手無所在放

一目仔俯視偷看

萬人亂揮亂舞

想透氣

好瞎

却是一目仔難擋千眼萬心肝

佈置走狗飼耳目

佈置爪牙放狗咬人

無意見就好

種樹仔剪樹枝不得害了錢水運大官氣

填土造池八卦陣

獅仔陣遙望大路口

虎牙立門邊

逼趕獅虎可憐代小羊羔

七星劍身後掛

八卦鏡四界有

普羅眾生喜怒由我開金啄

人前人話人後鬼話攏是我丗話

說道德是道德說無道德就無道德

愛怎樣就怎樣

看是聽不聽話同不同角勢

官字二口司公丫場一個
無意見就好

接收官員愛貪吃
人多佔四方
攏是伊的人
人少佔總務人事
管錢兼管人
敢不從也遁不過手心
接收制度夠瞎阻害進步
好目神獨創好目神掠人事權
人事因人看事
事事看我
喜怒
有理無禮有勞無功角勢不同
誰人敢不從給你坐冷宮
小鬼該賞該賞
無意見上好

之二、漢語文詩

巨人突然長高手足無措
獨眼俯視窺看
群倫亂飛亂舞
想透氣
好瞎

却是獨目難制千眼萬心
佈鷹犬養耳目
置爪牙
放狗咬人
沒意見就好

種樹剪樹別害了財運宦途
填土造池八卦陣
獅陣遙望大道
虎牙立門旁
驅獅驅虎可憐小羔羊
七星劍身後掛
八卦鏡處處有
普羅眾生喜怒由我開不開金口
人前人話人後鬼話統統是我話
說道德是道德說不道德就不道德
愛怎樣就怎樣
瞧是聽不聽話同不同掛
官字二口道場一個
沒意見就好

接收官員最貪吃
人多佔四方
包了
人少佔總務人事

既管錢又管人
敢不從也逃不過掌心
接收制度夠瞎阻礙進步
慧眼獨創單眼掌人事
人事因人看事
事事看我
喜怒
有理無禮有勞無功掛不同
誰人敢不從給你坐冷宮
小鬼該賞該賞
沒意見就好

（2009.11.06／刊 2010.01 台文戰線第 17 期）

附註：詩功能之一：在於教化慰藉。善心最是好，無道是有
　　　道；佛家說：「心存善心，既使不信佛，佛亦會保佑
　　　你。」本詩謹獻予人間百分之九十五不得志之普羅眾
　　　生，願我佛保佑大家平安。

◎紅印台（雙語文詩）

之一：台灣語文詩

固然紅吱吱親相猴山仔尻川
真壞看
但是我無得罪人
為啥物拼力敲鐘擂鼓打我腹肚
用印仔

幾時欠你死人債
無代誌找我出氣
食飲屎尿學費買衫仔褲
干我啥物代誌

可惡
帳都算我也頭殼頂

不過這是我唯一會曉做的代誌
恁丫是盡量的頓
免得頓著藍色印台
蝦是大代誌耶
四枝釘仔釘落去才用到

之二：華文詩

固然醜得像猴屁股

可我沒得罪人
為什麼還要猛敲狠打我肚皮
用印章

幾時欠你
沒事找我出氣
吃喝拉灑學費買衣
干我何事

可恨
帳都算我
頭上

不過這是我所能盡力
還是盡情蓋
免得蓋藍印台
那可是大事耶

（2009.10.31／刊 2010.04 台文戰線第 18 期）

◎沒說沒做沒看到

說錯你說沒說
做錯你說沒做

你不知道說不知道
你該知道也不知道
你已知道還是沒看到

佛法無邊
有為無無亦有
人空空心空法空空空
阿彌陀佛

可惜你非高僧非居士不具慧根沒佛心
看不淡人間道權力富貴
猶在畜生道載浮沉
真是假假亦真
爭權奪利暗箭傷人
愛我所愛非我所非
佛法無邊
有為無無亦有
人空心空法空空空
阿彌陀佛

可惜你非高僧非居士不具慧根沒佛心

看不淡人間道權力富貴

猶在畜生道載浮沉

真是假假亦真

爭權奪利暗箭傷人

愛我所愛非我所非

一切照己意

沒天理

懺悔告解贖罪跪拜割包

明天又是苟日新日日新

求官求財鑽營來機會宰

你

造

業

阿彌陀佛

善哉

（2008.01.28／刊 2010.06 笠詩刊第 277 期）

◎天降大任

說你有錢領就好你能做什還能做什又能做什
你既不卑躬又不送禮還唱反調糞坑石頭一個
天生你叫多多
機關裡不缺你一個
而我奇人天生必有大任無官怨官無財說天瞎眼
我非人掌大權
罵你貶你損你
罰你面壁思過罰你跪地懺悔
又怎樣
我就愛順我心順我意
而你的不順心干我屁
你罵諒你不敢
辱罵長官法條伺候
大過小過調職降級發配邊疆
你告諒你不敢
官官相護沒人聽懂你瘋言瘋語
這世界有權力才夠份量
而我奇才
天降大任
機關裡不能少我一個
屁

你在機關在你倒機關倒
但願你萬歲

（2007.09.15／刊 2010.06 笠詩刊第 277 期）

女人輯

◎煙囪

累
幾十年
你想和好就來
管它豔陽天溫柔夜
再三哀求
雄風
鋼硬挺拔
強行插入藍田軟泥

自私
誰說要做愛
千萬年
親情友情
藍天白雲媚眼
也不吐穢物

別抽了
抽得毛皮痛澈心扉

你可知野草焦枯
你叫我叫
山禿井涸都快死
哪叫得出

做愛做的
祇是你那個

（2005.12.26／刊 2006.10 笠詩刊第 255 期）

◎只要一顆星星

星辰顯露女性時
賭徒的臉與純潔的微笑就高掛在高空
夢中可耕耘的田畝
待幾時收成

一個人不是不會憂傷
在後院的天堂
颱風是新的煩惱
不知又要吹走多少星星

只要一顆
星星
不用貪心
數多了總會數錯數

（2008.04.06／刊台灣時報 2008.10.29）

◎思　念

一切秘而不宣的溫柔
撫摩穿過最羞怯的靈魂的臉
花瓣露露些許

喜歡你無疵的蔚藍
在你的朱唇尋尋覓覓的
傾聽
就傾聽到你的心跳

心靈的繩索牽憶著的
更緊緊的擁抱
渴望
黑色林蔭下的小徑

冷街裡
沒有熟悉的跫音

（2008.04.01／刊台灣時報 2008.10.29）

◎根　源

走一趟西方歸來
揮霍慣例衰老
根源流浪
易腐

青春與曲線紋痕交錯的三角地帶
冷清林蔭路上
秋螢爭相飛舞撫慰
照不亮的胴體
更淒迷

輪流展示
代代傳延
胴體
遐思
生死

永恆事物的色澤
是根源
是綠的生命
是本土
是三角地帶

（刊台灣時報 2009.01.23）

◎老　大

他是飛行員
他愛上走路晃著馬尾髮的少女
少女不愛他
他舉刀切斷自己的小拇指

他是飛行員
他愛上酒店小姐
小姐說真愛就切中指
他舉刀切下自己的中指

他是飛行員
他愛上有夫之婦
他剁下自己的無名指

他是飛行員
他愛上愛告密的女人
他不由分說剁掉食指
告密女人的

他剩下拇指食指
豎擎向天向地終日

（刊台灣時報 2009.01.23）

◎牽　手

戀愛媒妁
一顰一瞥有風味
左手右手牽手溫馨魅力那時節
愛是絢爛不敵柴米油鹽醬醋茶
一朝一夕歲月推移
稜角皺折深埋偷不得閒情野鶴
沾染風霜陽塵彈不盡
失意苦悶愁悵磨人
白髮長糟糠妻粥無味
天底下再無新鮮事

野花香甜軟綿酒半酣
纏綿深情婀娜多姿熱情奔放
青春朝氣肌膚潤腴酒不醉人醉
不用陽光已見淒迷
握小姐手小鹿亂竄少年十八九
小姐手貴情人手累
鶯鶯燕燕青春回不了家
青春的尾巴霓虹的餘暉
千金萬金喚不回凋萎青春

左手右手天長地久
失意得意
牽手糟糠妻

（刊台灣時報 2009.02.11）

◎蟬　翼

小小一公分見方蟬翼

沒厚度輕輕羽量

摸不到碰不得

不適當運動來個要命病痛

粗心說破就破真要命

沒破的自由

呵護守衛重責大任

薄蟬翼戍守坑道頑抗入侵敵人來犯

不成功便成仁血流滿坑洞

既使貞操帶掩護數十年

前功盡棄

破了就被貞操指責不忠黨愛國

薄薄蟬翼不能掉不能破

意志無多不自由

有意無意不能破

禁錮千萬年古哀愁

（刊台灣時報 2009.04.24）

◎少　女

以正午火燄形成的少女
把美麗當謊言
把謊言當蜜語
在陰暗與陽光之間擺盪
在智慧與愚蠢之間哭哭又笑笑

被搔癢的少女
嗤聲尖叫
躍升了明眸皓齒
還有水汪的眼
朝成熟度極速上升
回一媚眼

夜晚是邪惡的
月暈漂蕩窗前
直抵子宮的底層
冷然靜悄悄
遐想幻想夢想

少女守著黑夜的腳步
化成山峰化成澗水
忽兒風
忽兒雨
却是不見寧靜海處何方

（刊台灣時報 2009.08.07）

懷念母親輯（台灣語文詩）

◎阿母有二口灶

阿母有二口灶

一口大灶一口細灶

細灶炒菜煮飯做便當

大灶煮豬菜兼炊鹹 kui 炊發 kui 包肉粽

炊鹹 kui 炊發 kui 包肉粽

不是天天有

總是得過年過節才一改

阿母有二口灶

日日三頓愛照顧

查埔囝查某囝攏愛呷飯

無飯吃嘛得吃蕃薯籤谷糜

大豬小豬更且愛照顧

哪沒照顧給伊呷飽飽

大豬小豬嘟要叫得罵罵號

吵死人

阿母有二口灶

一口大灶一口細灶
日日三頓愛照顧
照顧囡囝
照顧大隻豬仔兼豬培仔
總是有一工
大隻豬仔愛販掉
但是我咁有三層肉一塊填嘴縫

阿母伊的艱苦無人知
艱苦的不是日子壞過
壞過的日子嘛得愛過

艱苦的是一堆人攏抓了了
失蹤是失蹤
關的是關
這是啥物世界
目屎流目屎滴的世界
唉　社會那會變ㄚ這款

阿母——
怎樣啼哭

我是火烟烟到
那有啼哭

（2009.10.16／刊 2010.06 笠詩刊第 277 期）

◎阿母有一領新衫

阿母有一領新衫
新衫是過年穿世

阿母講過過年去拜拜都愛穿新衫
伊講神明愛看穿新衫的人
毋愛看落魄的人
穿卡 sui 哩卡有精神
卡袂讓神明看輕讓別人看無重
穿新衫的人嘛卡有保庇

阿母每遍穿那領新衫
我就嗅到臭丸味
臭丸是樟腦丸
新衫而且有折痕
放在拖浪庫下跤整年冬
當然有折痕

阿母過年去拜拜
總是會插一蕊紅花
紅花是紅紙折的
細細的小小的一蕊
阿母講插一蕊紅花帶一點丫喜氣
過年過節歡歡喜喜

阿母講那領是新衫
但是每冬正月正時
我攏看到伊穿一遍
那領新衫毋知穿過幾年冬

（2009.10.16／刊 2010.06 笠詩刊第 277 期
／收錄 2010 年台灣現代選）

其他輯

◎有空來看我

人家有爸媽
我也有爸媽
只是他們在遠地方

我年紀小我外出
尿片加奶瓶一大包

外公外婆嫌煩
不帶我找爸媽
只得終年盼望

今天我已長大不用奶瓶不用尿片包
來到舅家山上
據說很近台北
可是還是見不到爸媽

爸媽每星期一趟
在不上班的星期天早上到

我和爸媽一起吃飯玩耍
晚上他們又回北總安慰
有空來看我
等呀盼直要到星期天
才又和爸媽團圓

有空看我一個禮拜一天
沒空來的是六天
我告訴他們
沒空來看我好啦

（68.09／刊 2007.08 笠詩刊第 260 期）

◎萬里長城

風沙蔽日狂捲蛇吐信
總想把長城一口吞噬

不過土造一堆不費磚塊又缺石頭更缺水泥塗造
卻耐歲月折磨洗劫
走過兩千三百年歷史二十餘王朝已付東流
而長城猶在
綿延五萬公里戰國建到清朝
修修補補
也還有嘉峪關到鴨綠江六千三百公里
世界十大
明王朝整修的

而今山洪攬和依舊
鼠害細蟻掏空不斷
風沙吞噬家常事
更見人口增
開發旅遊
修鐵路鋪電纜

世界十大
荒棄的遺址
消不消失干我何事

乾脆長城上耕種

糊口

還實際

對我來說

萬里長城荒棄遺址有一天消失

怪不得我

沙漠化的

（2007.09.15／刊 2008.02 笠詩刊第 263 期）

◎比傻理論（Great-Fool Theory）之詮釋

無錢轉無輪
有錢卡好賺
資本主義金錢遊戲
天堂地獄

買股買樓買地皮
炒外匯炒能源炒原物料
炒書畫炒古董也炒紅酒
坐上賭車
還有什麼不能炒的賭的
就麥稈長短也可輸贏一把
何況荷蘭鬱金香

人生錢錢生錢
大風險大賺頭小風險沒搞頭
理性客穩健投資蝕機會成本
資本主義金錢遊戲
客人來坐東炒西炒翻雲覆雨
人家小錢生大錢
你乾瞪眼

沒風險那有超報酬
非理性投機爆富場域

只要更傻傻瓜
下單抬轎泡沫吹大
算計計算
贏家

漲了紙上富貴走路有風
出手闊綽夢裡偷笑
泡沫吹呀吹大呀大
財富一眠大一寸滿手財富珠寶

剎那間腳底抹油溜得快死人無蹤影
不按牌理出牌的你猶在算鈔
不捨停損停利出場

沉睡千年謂作古
人家上天堂
而你爆破啦結局
最後一隻老鼠最大傻瓜
吹鬍瞪眼草蓆一張要死啦
資本主義金錢遊戲
自己

（刊台灣時報 2009.01.22）

註：比傻理論：係指投資人明知股票或其他投資標的之價格
　　已被高估，然仍勇於承接買入，其市場行為心理無非寄
　　望仍有更傻的人以更高價格承接，而讓自己獲利出場。
　　市場比傻行為，最後通常導致或加劇泡沫產生，並隨泡
　　沫破裂而製造出市場風險，且其風險通常都非常大。比
　　傻情況經常的在發生，尤好發於不完全成熟市場或泡沫
　　市場裡；不幸的是，比傻行為還是一種頗為有效的操作
　　策略。對理性投資者而言，如不參與其中，通常會損失
　　機會成本；惟如參與，則必須時時警惕泡沫之嚴重性。
　　做為比傻遊戲的參與者，務必判斷未來是否還有更傻的
　　人以更高價介入市場，而不可成為真正的最後的大傻
　　瓜；亦即應確認標的是否確實值得這個價錢。世界性的
　　比傻遊戲，如 17 世紀的荷蘭鬱金香泡沫、1990 年的日
　　本泡沫、2000 年網科股泡沫等；台灣的比傻遊戲，如養
　　鱉、養十姊妹、養蘭、種薄荷等。

◎躺在青草地

偉大的暴力駕御我們的習慣
知否易朽的事物

煙縷上昇消逝
煙縷平飛消失
煙縷下吹散去
什麼面貌都是一樣
既使最偉大的暴力也逃不了

趴在青草地上
蝗蟲受驚飛走
振動藍翅
不歸

偉大的暴力駕御我們
有時不習慣
易朽的
忘了收割季

（刊台灣時報 2009.01.23）

◎孤　獨

粉絲熱情誇耀我們的詩
我們已然流浪到另一個的國度
在死海的岸邊尋找碧綠的貝殼

棕櫚樹下去幻想
却不見藍天和白雲翱翔
寂靜的風又流連再三
荒涼沙灘死灰的風景線

發覺冬天的浴場悽冷連連
足跡已被浸蝕不復見
只有棄置的浴帽衣
斜斜向晚

靈魂呼喚靈感艱澀浮現
如此冬天灰白拐杖踟躕的孤影
人生與詩
終將老去

（刊台灣時報 2009.04.19）

◎文字發明

草書擦去字形不在不算數

正楷寫「正」擦去又稱「歪」

有人寫字不算數有人愛戴有色眼鏡

話隨風逝口耳相傳差之千里

文字還不是一樣的

有人失憶有人精神錯亂渾身不自在

（刊台灣時報 2009.04.19）

◎退休註釋

偉大的事物突然酩酊大醉了起來

一種高度的恐怖在沙灘叫囂

風聲濤聲人聲雨聲

老愛衝浪在慾望的尖頭

海鷗的翅嘲弄著被放逐的詩句

不停頓的句子冗長

同樣的叫囂海鷗的翅膀

上坡又下坡

已見髮蒼鬢毛也催

唱一曲老歌

簡單的開始　隨緣隨心

終於沒了星期天

其實小時也這樣的

（刊台灣時報 2009.04.19）

◎天空自由

把瑟縮的鳥暖在掌中
任風雨呼嘯而過主人私自陶醉
愛屋及烏

不自由的鳥想飛向天空自由
爭自由的鳥仰頭連連撲打不自由的翅膀
主人却說暴風雨越大越要保護管束
不容異心不聽話粗動反動暴動
媽媽說外面暴風雨太危險
沒死的自由

風雨反動暴動嚴加盤查
喜孜孜掌握了沒靈魂的鳥體
鳥翼却已
鵬程萬里
飛去

（刊台灣時報 2009.04.24）

◎老

昨日疲憊的搓洗
合清水用勁的刷又刷
不老的材情
日夜醮寫春風落淚日記
還跋涉高山峻嶺私自摸黑探底

冷不防一陣天風驟雨
一個踉蹌一個萎頓
一個消瘦
那是燈盡淚未乾
西下夕陽
望早歸

（刊台灣時報 2009.05.21）

◎人間鴉片

政經社會版所為何事

燒殺擄掠加搶奪爭權奪利信口雌黃

造謠生事口沫橫飛

還有八卦抹黑茶餘黃笑話

腥腥又血血

就欠溫馨感人與愛心善意

看了不長肉還生悶氣脹肚皮

哪來這世界難道就只那一個樣

政經社會版過眼雲煙明日黃花

忽兒銷聲匿迹人人健忘症候族群

不看却是渾身欠把勁

總像少幹了那檔兒事一樣

要還是不要

人間鴉片

作繭自縛所謂知識人

（刊台灣時報 2009.05.27）

◎詩人

詩人仙風道骨臨風挺立
不食人間煙火佇立鎂光燈下
鬧搶版面
默禱詩神常亮相
我詩神
我

詩人躺涼椅上看江風明月
品茗茶飲醇酒不用絞盡腦汁創作
却是冷笑爭權奪利行屍走肉
一如做官的人
不順眼太招搖就該整該揍
天下高明人又有幾個

（刊 2009.06 笠詩刊第 271 期／列入莫渝選編
「新世紀台灣詩選讀」台灣公論報 2010.02.19）

◎有生有死叫人生

孤單自柏油路上慢慢走來

大榕樹下穿過去

走過地氈飄進閣樓

住進宦官國戚老百姓家裡

就看大洋瞧高山小山小丘

別過沙漠沒入海流

誰也沒欠誰

有生有死叫人生

（刊 2009.06 笠詩刊第 271 期）

◎三月春

酣睡的季節

被誰推了一把的

在閣樓裡哈欠連連上上下下伸懶腰

終於睡夠了

在三月天裡

抖落了一季塵埃的天地

還是叫春

（刊 2009.06 笠詩刊第 271 期）

◎陰　天

生悶氣躲被窩
天陰暗
憋一肚子氣的
有風也不涼快

誰生誰悶氣
找個人幹架一場
昏天暗地
傾盆大雨前戲

（刊 2009.06 笠詩刊第 271 期）

◎眞　假

西裝革履面具
貞操不假處女再造
主宰社會捨我其誰
志得意滿奸笑連連
讀也讀不懂

訂製鞋穿了腳痛
廉價衣沒品味
鄉下人土里巴嘰
穿不得西裝革履有土氣
一見穿心意

（刊 2009.06 笠詩刊第 271 期）

◎自　囚

荒野空曠汪洋澎湃人海茫茫教堂鐘聲子夜星光樹影婆娑
不可言宣的承受不可預知的石室
孤獨自囚諦聽我

置身空曠孤寂凡塵九重天
脆弱易碎不該負載宇宙巨大寂寥
馱負凡象絕俗庸任馳騁荒漠諦聽音聲
脆弱心房孤獨詩城堡

遙遠時光隧道被壓抑的慾望錯綜複雜
每寸肌膚雜念妄念邪念困惑
墮落沉淪紅塵世界翱翔
離群索居鬧市虛幻孤獨混沌
時間荒蕪淒涼飲悽苦酒
蛹化蝶孤獨淨土

混亂秩序浪跡
親情友情鄉情競逐短暫生命
青春短回不去的少年傷春悲秋老
自囚天籟

（2008.03.15／刊 2009.06 笠詩刊第 271 期）

◎青笛仔

鄉村很是好

有綠葉清風
沒有煩惱

庭院很是好
有些美麗的東西經常造訪
眾多婉鳴的青笛仔
是無憂的訪客

鹿仔芬
爆出一顆顆鮮紅的果肉
青笛仔樂得東跳西跳
拍手大叫

找一個鳥籠
選擇最美麗的枝椏
保持最大的緘默
就等鳥入籠

不用長年的等待
純真的青笛仔
鳥很快就會到來

下定決心
這是破冰之旅
這是劃時代歷史之行

青笛仔一腳跨進了鳥籠

柵門掉了下來
不再開開
暑熱中草叢間有蟲籟
如果鳥不唱歌
必有壞兆頭

（2008.04.12／刊 2009.12 笠詩刊第 274 期）

◎尋

我有一個內在的這我
是我
還有一個外在的那我
也是我

有時這我是我
有時那我是我
有時這我那我相合
有時這我那我不相合

一輩子我找我
找那失落的我

（2009.08.28／刊 2009.12 笠詩刊第 274 期）

◎海邊徘徊

直到黃昏時
我們都在海邊徘徊著
流動的沙灘消失在靛藍的大海
與橘黃的暮靄中
赤足深陷在泥沙中
涼水穿過足縫癢癢的
徘徊孤寂的海邊
浴場謝幕已很久

曾有許多的笑聲飄揚
曾有不停的喧嘩
曾有童稚
曾有青春的追逐
而今好像被遺忘的貝殼的喟嘆

已然秋天了
我們的憂傷在從未瞭解過的沙灘上
暗泣

透過眼瞼
承接妳的光
我知道再沒有什麼比妳更實在

（2008.04.01／刊 2009.12 笠詩刊第 274 期）

◎乞之生活（雙語文詩）

之一：台灣語文詩

生分地頭囡仔出世落土彼工起

伊出門做稀頭生產擱生產

伊無是竹雞仔

伊為著一簞食一瓢飲

卡多嘜帶不轉去天國的銀票

妝可憐代裝孝呆仔褒唆講好話兼行禮

彎腰扶 Lan Pha

就看人眼色目神

賞不賞臉

乞食的生活

乞食在街市向別人分錢

蕭老大妝可憐代妝孝呆仔

冰冷所在睏落去的睏落去無要緊

特工保養無好傷礙無貼膏藥

無爛無好全身烏貓貓烏鬼鬼

那是風飛沙臭汗酸牽成

半冬臭汗酸味落水嘜發財

半冬無洗身半冬無洗面

不見行禮扶 Lan Pha

十年來乞食碗分來存款三千萬

免愛生產做生理

好心人施捨
錢落了來
落來
寶島

錢落了來
食不多衫嘜不壞
來土腳睏尚省錢
卡多嘜帶不跑去天國
那天興學
武訓再世
誰敢說蕭老乞食沒貢獻
就讓大官虎好空人歹勢見笑
政府褒唆講好話兼行禮
向我乞食人

之二：華文詩

陋巷呱呱落地那天起
勤奮工作生產再生產
無非一簞食一瓢飲
再多也帶不走
裝可憐裝癡呆鞠躬
哈腰諂媚阿諛
就看人臉色
賞不賞臉

乞生活

乞於市乞於人
蕭老大裝可憐裝癡呆
乾冷地睡又躺
刻意保養未癒傷痛不藥
不爛不癒滿身髒
那是風塵積聚
酸臭半載見水不發財
半年不澡
不見鞠躬哈腰諂媚阿諛
十年缽中存款來三千萬
無須生產不費吹灰力
善心人施捨爛好人多
錢掉下來
掉下來
寶島

錢掉下來
吃不多穿不壞
來地上睡最省錢
再多也帶不走
那天興學
武訓投胎
誰敢說蕭老不事生產沒貢獻

就讓權貴富賈汗顏

（2009.10.31／刊台灣時報 2010.04.05）

註：2007 年 3 月 3 日李芳銘草屯報導：草屯蕭老大行乞數十
　　年存款三千萬，仍工作不輟，不享清福。茲鼓勵其武訓
　　興學，讓那些權貴富賈汗顏。

◎尋根路迢遠

蒼穹海鷗藍已然恢復本性

憂鬱海灣慌亂燈火

落魄書生海盜臉

乞丐吃天鵝肉

淪落天涯皆旅人

拳頭奸巧眼淚

活下去動物本能

剔去黥面刺上精忠報國

用橡皮印印就

就是榮耀體面

另外國度的子民

就這樣平埔土地變他人家園

美麗山河垂淚

割捨臍帶回不了母胎

喚不起沉醉鄉人

平埔臉漢人服文曲星口述血淚

何時重見大海

那絕不是餘暉下的

丈量生命起源非罪惡

在無限的道路上

尋根路迢遠

（刊文學台灣第 74 期 2010 夏季號）

◎戲偶人生

路前行路後走
由不得不前行不後走
你日日月月年年
流浪吉卜賽
疲憊
窒
息

山徑大道泥濘柏油的
數不完的路
非你選擇
就缺不累的路
扮白扮黑或哭或笑或鬧
數不完的戲碼
非你抉擇
就缺不死的戲

哪天停駐十字路口上
自由的東張西望
終於知道
路
盡
再不
用奔波

（2006.05.24／刊 2010.06 笠詩刊第 277 期）

後　記

　　這是一個意外，把近期詩作作品都為一集，稱《森林、節能減碳與土地倫理》；而書名的訂定也是一個意外，那種書名，其實一點也不合詩思奔放飄逸的味道，毋寧說，還很像教科書或論文的標題，非常的刻板。不過綜觀六位為該書寫序言的碩彥及詩人，他們都瞭解個人所想表達的主題所在。

　　其實，近年來個人一直在整理 1988 年以前，已於報章雜誌發表過的數十萬字的早期作品。初步的結集是詩、散文及小說各出二集。

　　對於詩人吳俊賢博士以其所學及其專業領域剖析本集；葉斐娜詩人以論文方式闡述，渠剛又取得碩士學位。詩人岩上及林鷺以數十年創作經驗為根基論述；以及詩人陳明克博士的詮釋，渠係多棲作家，詩、詩論及小說一把抓。而鄉親劉沛慈，除於大學開課以外，目前亦於清華大學修讀博士學位。他們的批評指教，敬納。

　　　　　　　　　　　　趙迺定謹誌　2012 年 3 月 22 日